Elogios a

GABRIELLE BERNSTEIN E SUPERATRAÇÃO

"Aqueles de nós que não têm dúvidas de que a consciência é a realidade fundamental que concebe, constrói, governa e se torna o que chamamos de realidade física, não têm dúvidas de que a todo instante o mundo é um espelho de nosso estado de espírito. Este livro explica com simplicidade elegante e dicas práticas como você pode ser o autor da sua própria história de vida e manifestar seus desejos mais íntimos e sonhos mais estimados."

– Deepak Chopra

"Gabrielle é a maioral.
Eu respeito muito seu trabalho."

– Dr. Wayne Dyer

Intitulada "uma nova líder de pensamento" pelo talk show Super Soul Sunday, da Oprah

SUPERATRAÇÃO

OUTROS TRABALHOS DE **GABRIELLE BERNSTEIN**

Livros

Super Attractor Journal

Judgment Detox

Judgment Detox Journal

O Universo Está Consigo

The Universe Has Your Back Journal

Milagres Já

May Cause Miracles

Spirit Junkie

Add More Ing to Your Life

Cards

Super Attractor: A 52-Card Deck

The Universe Has Your Back: A 52-Card Deck

Miracles Now: A 62-Card Deck

***

GABRIELLE BERNSTEIN
Palestrante motivacional e professora de ioga e meditação

SUPERATRAÇÃO

COMO ATRAIR E TORNAR REALIDADE
UMA VIDA AINDA MELHOR QUE
A DE SEUS SONHOS

ALTA BOOKS
GRUPO EDITORIAL
Rio de Janeiro, 2024

Superatração

ISBN: 978-85-508-2270-9

Alta Life é uma Editora do Grupo Editorial Alta Books.

Translated from original Super Attractor. Copyright © 2019 by Hay House, Inc. ISBN 978-1-4019-5716-2. This translation is published and sold by Gabrielle Bernstein, the owner of all rights to publish and sell the same. PORTUGUESE language edition published by Starlin Alta Editora e Consultoria Eireli, Copyright © 2024 by STARLIN ALTA EDITORA E CONSULTORIA LTDA.

Impresso no Brasil — 1ª Edição, 2024 — Edição revisada conforme o Acordo Ortográfico da Língua Portuguesa de 2009.

Dados Internacionais de Catalogação na Publicação (CIP)
(Câmara Brasileira do Livro, SP, Brasil)

Bernstein, Gabrielle

Superatração : como atrair e tornar realidade uma vida ainda melhor que a de seus sonhos / Gabrielle Bernstein. -- Rio de Janeiro : Alta Books, 2024.

ISBN 978-85-508-2270-9

1. Atração 2. Autoajuda 3. Bem-estar 4. Mudança de atitude I. Título.

24-195352 CDD-158.1

Índices para catálogo sistemático:
1. Autoajuda : Psicologia aplicada 158.1

Eliane de Freitas Leite - Bibliotecária - CRB 8/8415

Grupo Editorial Alta Books

Produção Editorial: Grupo Editorial Alta Books
Diretor Editorial: Anderson Vieira
Editor da Obra: Ibraíma Tavares
Vendas Governamentais: Cristiane Mutüs
Gerência Comercial: Claudio Lima

Produtor Editorial: Thiê Alves
Tradução: Luciere de Souza
Copidesque: João Guterres
Revisão: Bruna Holmo; Carol Oliveira
Diagramação: Fernanda Buccelli

ALTA BOOKS
GRUPO EDITORIAL

Rua Viúva Cláudio, 291 — Bairro Industrial do Jacaré
CEP: 20.970-031 — Rio de Janeiro (RJ)
Tels.: (21) 3278-8069 / 3278-8419
www.altabooks.com.br — altabooks@altabooks.com.br

Ouvidoria: ouvidoria@altabooks.com.br

Editora
afiliada à:

Para meu filho, Oliver.

SUMÁRIO

INTRODUÇÃO

VOCÊ É UMA SUPERATRAÇÃO

Eu sempre soube que existe uma presença não física além da minha visão perceptível. Toda minha vida, intuitivamente, sintonizei com ela e a usei como uma fonte para o *bem*. Tenho mobilizado esta presença ilimitada de poder para curar meu corpo, apoiar meus relacionamentos, orientar minha carreira a serviço dos outros e conquistar meus maiores desejos.

Existem muitos nomes para esse tipo de presença espiritual. Refiro-me a ela indistintamente como o Universo, Deus, espírito, intuição, amor e outros nomes também. Você pode ter seu próprio nome que ressoa com você. Ou talvez seja novo em se tratando de espiritualidade e ainda não tenha vocabulário disponível. Não importa. A maneira como a chamamos é irrelevante. Conectar-se a ela é imperativo. O fato de você estar lendo este livro agora é prova de que ouviu consciente ou inconscientemente o chamado divino que lhe trouxe até aqui, e está desejoso de reivindicar essa conexão.

Estimo você pela sua disposição. Reivindicar minha conexão com a presença dessa força direcionou o curso da minha vida. A simples escolha de me sintonizar com essa força de amor me ajudou a me libertar dos vícios, a me curar do TEPT (Transtorno de Estresse Pós-Traumático), me desfazer de crenças temerosas e viver com um propósito definido. Minha conexão com a presença do amor tem sido meu guia, minha proteção e parceira na cocriação da minha vida. Viver minha vida em devoção diária com esta força não física de poder me transformou em uma Superatração.

Ser uma Superatração significa que o que acredito é o que recebo. Posso cocriar o mundo que quero ver ao alinhá-lo com emoções positivas e direcioná-las para os meus desejos. Posso utilizar uma fonte ilimitada de energia criativa para contribuir com ideias inspiradoras, oferecer sabedoria, ser próspero e me sentir livre. E o melhor de tudo, posso canalizar essa força para o bem no mundo.

Ser uma Superatração não significa que eu não tenha que enfrentar muitos desafios reais. Mas posso ver claramente como meus esforços são parte de um plano maior para me ajudar a fortalecer minha fé em minha conexão de Superatração. Escolhi ver as experiências difíceis da vida como missões espirituais de crescimento e cura. Já aceitei que nada acontece por acaso. Sei que enquanto tiver em mente que sou uma Superatração, serei capaz de aceitar as experiências difíceis como oportunidades para ajustar minha força interior e me aproximar da consciência. As dificuldades me dão a oportunidade de brilhar a luz que há em mim. Ser uma Superatração não significa que tudo seja perfeito — mas significa que me apresento para a vida com fé, aconteça o que acontecer. Invocar meu poder de Superatração tem me ajudado a superar tempos difíceis com muito mais generosidade, honestidade e compaixão do que eu normalmente faria.

Viver desse jeito me trouxe o que eu mais queria: liberdade! Sinto-me livre ao saber que há uma energia de amor dentro e em torno de mim. Sou livre ao saber que sempre estou sendo guiada e que tenho o poder de cocriar o mundo que quero ver. Liberdade é o maior presente de todos. Nada me detém. Não jogo para perder. Por mais de dez anos vivi, amei e ensinei com essa liberdade. Esta me permitiu ser uma força irrestrita de luz no mundo.

Quando você está afinado com sua energia de Superatração, o medo não paralisa você. Lembre-se de que você é um espírito em uma experiência humana. O espírito que habita seu corpo é a presença da inspiração, alegria e a verdade de quem você é. Ao seguir esses passos, você se sente um sábio, poderoso, são e sagrado. Ao aceitar isso, pode ser livre. O sentimento de liberdade é inevitável quando você sintoniza sua energia com a presença da sua verdade. Você pode não ficar conectado a essa verdade o tempo todo, porém, quanto mais recorrer a ela, mais facilmente se sentirá livre.

Como uma instrutora espiritual, tenho testemunhado centenas de milhares de pessoas pelo mundo que começam a despertar para a presença da liberdade interior. Vejo essas transformações diariamente. Mas embora esse despertar seja lindo, não é suficiente. Com frequência nós a tratamos como o desfecho, quando ela é de fato o começo. É provável que a gente se sinta melhor e, portanto, atraia mais, porém devemos ir mais longe e incorporar totalmente essa verdade para ser feliz. Incorporar essa verdade começa ao se desfazer de medos que nos impedem de ser Superatrações. Devemos estar dispostos e comprometidos para mudar a maneira como pensamos, agimos e vivemos.

No meu caso eu não tive que sair para encontrar essa conexão; só tive que desacelerar e lembrar dela. Tenho devotado minha vida ao processo de desacelerar e realinhar com a existência da força interior. A cada meditação, vibro em uma frequência mais alta; a cada prece, me rendo a um poder maior do que eu. Minha dedicação ao plano espiritual tem me dado a libertação desejada. Não sou excepcional. Você também tem essa conexão e invocá-la é tão divertido como simples. Neste livro, quero compartilhar com você como se conectar com esse poder.

Quero que você saiba: "você é uma Superatração".

Se isso parece estranho para você agora, tudo bem. Mas sei que quando você terminar de ler esse livro, vai reivindicar esse poder com total confiança e tranquilidade. Você saberá sem sombra de dúvida que é uma Superatração.

Em 2016, publiquei um livro chamado *O Universo Está Consigo: Transforme o medo em confiança e cumpra o seu destino*. Leitores de todo o mundo seguiram as lições do livro para fortalecer sua fé no Universo. Eles resgataram sua conexão com um poder superior e recuperaram sua fé no amor. Quando eu estava me preparando para escrever um novo livro, intuitivamente soube que era hora de levar esses ensinamentos a outro nível. Esse livro é essa próxima etapa. Com as práticas descritas nos próximos capítulos, vou pressionar sua alma para ensiná-lo a ajustar sua conexão espiritual para atrair sem esforço o que você quer na sua vida. Se você ainda não leu *O Universo Está Consigo*, não se preocupe. Ele não é um pré-requisito. Acredite que você foi guiado até aqui por uma razão.

Você já pode estar em um caminho espiritual. Você já pode se expressar e viver pela Lei da Atração. Ou talvez estes conceitos sejam completamente novos para você. De qualquer forma, esse livro irá ajudá-los a se tornarem um hábito. Ao longo do livro compartilharei meus métodos pessoais para se alinharem com sua existência de Superatração. Algumas dessas práticas foram amplamente influenciadas pelos meus professores Abraham-Hicks, Dr. Wayne W. Dyer e pelo texto metafísico *Um Curso em Milagres*. Porém o meu melhor professor é a minha experiência de vida. Cada dia oferece novas oportunidades para me aproximar do Universo e fortalecer meu poder de Superatração. Cada desafio de vida oferece novos milagres e novas lições. Ao longo do livro recorrerei aos meus exemplos pessoais sobre o que é viver em harmonia e ser uma Superatração.

RESGATANDO SEU PODER DE SUPERATRAÇÃO

Para dominar seu poder de Superatração, você deve começar entendendo como se desconectou dele. Em quase 15 anos como instrutora espiritual, adquiri uma compreensão muito clara das formas comuns de uso indevido das pessoas e bloqueio desse poder. Espero que você se reconheça em algum (ou em todos) dos tipos mais comuns.

VOCÊ ESQUECEU SEU PODER?

Mesmo uma pessoa em um caminho espiritual pode esquecer que é uma Superatração. É muito fácil ser impregnado pelas histórias baseadas no medo do mundo e enfraquecer sua fé. Quando o medo se instala, você entra em um tipo de estado comatoso. Você literalmente esquece quem é. Você constrói sistemas de crença de separação, carência, julgamento e negatividade. Todas essas falsas percepções negam sua força interior e bloqueiam seu poder de Superatração. Este livro será um alerta para lembrá-lo de quem você realmente é. Só de iniciar essa introdução, você já começou a despertar e se lembrar.

VOCÊ É OBCECADO?

Há muitas pessoas que leem livros de crescimento pessoal, participam de seminários, meditam, oram... e ainda se sentem travadas. Escuto com frequência: "Gabby, estou fazendo tudo certo, mas ainda me sinto tão perdido. Estou orando, meditando e usando afirmações positivas, mas ainda não atraí o que quero. O que está errado?!" O que está errado é que eles estão fazendo tudo que chamo de "obsessão". Essas pessoas têm fé no Universo e em muitas ferramentas espirituais, mas estão energeticamente bloqueando sua conexão. Eles estão pregando peças no Universo em vez de se alinharem com seu verdadeiro poder. A obsessão acontece quando alguém tem todas as ferramentas espirituais e todos os jargões mas esquece a parte mais importante da atração: sintonizar com o Universo. Você pode ser positivo, orar e meditar todos os dias e ainda não atrair porque sua energia está dessintonizada. Em vez de se permitir receber, você quer "tomar". Esse livro ensinará a você que o elemento mais importante para se declarar para o Universo é incorporar a energia do amor. Se você se identifica como um obcecado, está no lugar certo! Neste livro mostrarei a você um jeito totalmente novo de ser.

VOCÊ É UM "FORÇADOR DE BARRA"?

"Forçadores de barra" são pessoas que tentam pressionar e controlar para alcançar seus objetivos e se sentirem seguras.

Elas acreditam que quanto mais fizerem, mais conquistarão. Elas tentam "fazer acontecer" em vez de se permitirem atrair naturalmente. Elas esqueceram que existe um suporte além de suas próprias ações e desejos. Essas pessoas acreditam que fazer acontecer, se posicionar e receber orientação não faz parte da equação. Elas esqueceram onde está seu verdadeiro poder. Esta é uma característica comum e é uma que muitas culturas parecem recompensar frequentemente. Os "forçadores de barra" têm uma convicção baseada no medo de que se não forem super produtivos, nada acontecerá para eles. Mal sabem que sua energia controladora está bloqueando sua capacidade de atrair. O Universo não responde tão bem à energia desequilibrada. Pelo contrário, o Universo vibra em uma frequência positiva, e para cocriar com ele, sua energia deve estar alinhada com essa frequência.

As práticas neste livro o ajudarão a desacelerar, sossegar e aceitar. Ensinarei a você a arte de permitir de modo que você pare de pressionar, se sentir seguro e começar a receber naturalmente.

O MEDO TE PARALISA?

Cada dia traz novas oportunidades de se deparar com o medo ou com o amor. Embora sempre tenhamos uma escolha, muitas vezes (bastante inconscientemente) negligenciamos o medo. Escolhemos o medo de várias maneiras, desde a TV que assistimos até as conversas que temos com os pensamentos que nos distraem. A presença do medo é um sinal claro de que estamos desconectados da presença amorosa do Universo.

No decorrer do livro oferecerei a você ferramentas práticas e princípios espirituais para se livrar do medo e reivindicar amor. Livrar-se do medo não precisa ser difícil. Na verdade, pode ser muito mais fácil do que você já imaginou. Prepare-se para criar mudanças radicais rápidas!

VOCÊ JULGA?

Julgar, comparar, atacar e nos ver como separados de todos os demais nos desconecta do Universo. Se você se identifica como alguém que julga (julgando os outros ou a si mesmo), pare um momento para reconhecer como esse ato o faz se sentir. Seja honesto e gentil consigo mesmo enquanto faz isso. Embora acredite estar certo em seu julgamento, tente racionalizá-lo, é inegável o quão negativo isso o faz se sentir. Ser uma Superatração significa se sentir bem, e neste livro darei a você muitas ferramentas incríveis e práticas espirituais para ajudá-lo a cultivar alegria e se divertir! A medida que está determinado a se livrar de seu julgamento e escolher compaixão e paz em troca, você se reconectará ao seu poder.

Estas são apenas algumas das maneiras comuns que bloqueamos nosso poder de Superatração. A boa notícia é que esse poder nunca te abandona! Você simplesmente o esquece. Este livro o ajudará a reconhecê-lo, reivindicá-lo, usá-lo para atrair o que você quer e ser uma força para o bem no mundo.

Deixe-me ajudá-lo a se tornar uma Superatração por meio dos passos descritos nos próximos capítulos. Estes capítulos incluirão métodos e lições espirituais que se baseiam uns nos outros, de modo que ao final você terá reivindicado totalmente seu poder. Embora cada método neste livro possa ser aplicado independentemente, os coloquei em uma ordem que tem um efeito cumulativo. Pratique cada método como apresentado para aproveitar ao máximo esse processo transformacional. Você pode perceber que algumas lições reverberam com você mais do que outras. Tudo bem! Depois que passar por cada capítulo, você pode então usar as ferramentas alternadamente no seu próprio ritmo. O mais importante de tudo — divirta-se! Quanto mais se diverte, mais forte seu poder de Superatração se torna. A diversão transforma você em um ímã para milagres.

E aqui está a promessa: Ao aceitar que você é uma Superatração, a vida fica incrível! Você se sente feliz, inspirado, determinado e empoderado. Não sentirá mais necessidade de controlar, comparar e sentirá uma sensação de tranquilidade tomar conta de seu corpo. O melhor de tudo, se tornará um exemplo poderoso para os outros — e vibrará em uma energia tão elevada e amorosa que ela será sentida por todos os cantos.

Veja como o livro é dividido:

CAPÍTULO 1: **O UNIVERSO SEMPRE RESPONDE**

Cada pensamento que você tem é uma mensagem que manda para o Universo. Este sempre responde SIM para os seus pensamentos, sua energia e suas emoções. Portanto, o que você emite, recebe de volta — querendo ou não. Neste capítulo, irei ensiná-lo a pedir e ajudá-lo a ver como está frequentemente pedindo pelo que você *não* quer, e lhe mostrarei como pode conscientemente explicar suas solicitações para o Universo. Este é um passo indispensável para ser uma Superatração, porque ele estabelece um diálogo claro com o Universo. Neste capítulo, ensinarei a você meu método para explorar seu poder de Superatração em vez de seguir a voz do medo e mostrarei a você como torná-lo um hábito que é fácil de manter.

CAPÍTULO 2: **É BOM SE SENTIR BEM**

Um dos maiores obstáculos para ser uma Superatração é a nossa resistência a sentir-se bem. Todos crescemos muito mais confortáveis em um estado de medo do que em um lugar de alegria e fé. Aprendemos a confiar no medo como um meio de não sermos desapontados, feridos ou provocados. Ficamos tão acostumados com as terríveis projeções do mundo, que não confiamos que as coisas possam ser boas. Inconscientemente sentimos que se focarmos em todas as coisas boas, perderemos o controle e ficaremos inseguros. Neste capítulo você aprenderá como mudar seus pensamentos sobre seus medos e priorizará o sentir-se bem. Este passo o prepara para a experiência que está por vir, porque para atrair tudo que há de bom, você deve acreditar que é merecedor disso. Os exercícios neste capítulo o ajudarão a aceitar com prazer, dignidade e felicidade a preparação para reivindicar tudo que você atrairá.

CAPÍTULO 3: **HÁ MAIS DO QUE O SUFICIENTE PARA TODOS**

O medo de não ter o suficiente é o maior obstáculo para o seu poder de Superatração. A energia da carência nos faz vibrar em uma frequência baixa, repelindo as mesmas coisas que queremos e portanto, criando mais carência.

Por essa razão, neste capítulo, ensinarei meu método para você transcender a carência e a comparação por meio do pensamento positivo. Esta prática o ensina a orar para que os outros tenham mais do que você quer para si mesmo. Você verá rapidamente como querer mais para os outros o coloca em uma energia de abundância! É bom querer que os outros se sintam bem. A simples prática de desejar que os outros recebam, o colocará em uma energia de receptividade, e esse sentimento de abundância rapidamente começará a atrair mais do que você deseja em sua vida. Quando você quer de verdade que os outros sejam abastados, sua felicidade se multiplica.

CAPÍTULO 4: **DIVIRTA-SE AO LONGO DO CAMINHO**

Neste capítulo, vou acordá-lo para o incrível poder da diversão! A alegria é o criador final e a vibração mais poderosa que podemos incorporar. Quando você regula sua energia com a experiência da alegria, se torna um ímã para o que quer que imagine. Neste capítulo, ensinarei um método que o ajudará rapidamente a passar de pensamentos negativos de baixo nível e energia para um estado mais positivo. Ajudarei você a confiar no poder de seus pensamentos e de sua energia, auxiliando-o a navegar os desafios da vida de modo que você possa se mostrar para a vida com alegria. Por meio das práticas neste capítulo, você verá que quando pende para a alegria, você é elevado!

CAPÍTULO 5: **RETIRE O VÉU**

Neste capítulo, te ajudarei a entender e aceitar seu verdadeiro poder. Não é qualquer credencial, status ou conquista. Mostrarei a você que seu verdadeiro poder está na sua capacidade de sintonizar a energia do amor e a visão interior da luz. Em *Um Curso em Milagres* está escrito: "Milagres são vistos na luz." Neste capítulo você aprenderá o que significa ver na luz e levar a luz com você onde quer que você vá. Também te ensinarei minha Meditação para Retirar o Véu, na qual você transcende a energia desse mundo e entra em um lugar de amor.

CAPÍTULO 6: **ORIENTAÇÃO INVISÍVEL ESTÁ DISPONÍVEL PARA VOCÊ**

Neste capítulo, vou pressionar o envoltório metafísico e convidar você a abri-lo para novas formas de orientação. A fim de ajudá-lo a estabelecer um relacionamento espiritual *de seu próprio entendimento,* compartilharei minhas próprias crenças sobre orientações espirituais. Estes guias são sábios, amorosos e compassivos, e podem ajudá-lo em todas as áreas de sua vida. Te apresentarei a diferentes tipos de guias espirituais, incluindo anjos e arcanjos, seu Eu Superior, o amor do Universo e membros da família e amigos que já se foram. Ensinarei a você como se conectar com estes guias espirituais e receber orientação e ajuda deles.

CAPÍTULO 7:
FAÇA MENOS E ATRAIA MAIS

Como observei antes, a pressão é um dos maiores obstáculos para ser uma Superatração. Ser uma Superatração significa fortalecer sua fé, sintonizar uma energia de amor e permitir que o Universo capte seus sonhos. Para começar a prática de permitir, devemos deixar o caminho livre, deixar a vida fluir para que possamos viver como uma Superatração.

Neste capítulo, o ensinarei como entregar seus desejos aos cuidados do Universo ou a um poder superior à sua própria compreensão. A prática diária de entregar seus planos a um poder superior ajudará a desenvolver sua capacidade de ficar sereno e aceitar o momento presente. Na serenidade aceitamos. Você sentirá um alívio imenso, uma diminuição na ansiedade e uma onda de energia enquanto para de desperdiçar todo o seu esforço mental, emocional e até esforço físico em pressionar, controlar e tentar fazer as coisas acontecerem. Te ajudarei a confiar que sua sintonia com o Universo é suficiente para cocriar o mundo que você quer ver.

CAPÍTULO 8:
ADOTE MEDIDAS ESPIRITUALMENTE SINTONIZADAS

Neste capítulo, você terá passado por transformações profundas! A essa altura, você estará vibrando na frequência de uma Superatração e pronto para aprender como direcionar sua energia poderosa para seus desejos. Estará pronto para começar a cocriar com o Universo por meio da alegria, criatividade e das práticas reveladoras. Ensinarei a você como explicar seus desejos por meio da intenção. Suas intenções entusiasmadas e positivas combinadas à sua energia de fluxo livre o prepararão para agir em consonância com a espiritualidade. Você começará a ver seus desejos tomarem forma e se concretizarem e, às vezes, de maneiras maravilhosamente surpreendentes. Neste capítulo você entrará na prática maravilhosa de celebrar seus momentos de milagres e suas manifestações!

CAPÍTULO 9: APRECIE E APRECIE MAIS

Uma vez que você começou a se mostrar para a vida com alegria e agindo de acordo com a espiritualidade, estará pronto para apreciar completamente tudo em sua vida. A apreciação derruba todos os obstáculos na presença de nosso poder. Quando estamos em um estado de apreciação, estamos ativamente criando mais do que queremos. Estamos também em uma energia de aceitação e não resistência. Na ausência da resistência, somos Superatração.

Neste capítulo, o guiarei pelas práticas de apreciação que encherão seu coração de alegria e entusiasmo pela vida! Uma vez que você alcance um estado de apreciação, o guiarei para alcançar ainda mais. Quando você entra nesse estado de apreciação, quer criar ainda mais ímpeto depois dele. Você aprenderá a tornar a apreciação um hábito para que possa manter com facilidade um poderoso e positivo ponto de atração.

CAPÍTULO 10: DEIXE O UNIVERSO CAPTAR SEUS SONHOS

O segredo para atrair é confiar seu desejo ao bem maior! Este capítulo o ajudará a relaxar e confiar em um poder maior para mostrá-lo a direção certa. Neste capítulo, você aprenderá como relaxar e aproveitar o processo de manifestação! A melhor parte de ser uma Superatração é que você não tem que descobrir tudo. Você pode direcionar sua atenção, ficar um tempo na energia da diversão e confiar seus desejos ao Universo. Vou orientá-lo a prestar atenção na sua sabedoria interior e aos sinais do Universo. Acima de tudo, este capítulo trata de como entregar sua vontade aos cuidados de um poder superior para que você possa deixar milagres acontecerem naturalmente.

CAPÍTULO 11:
FÉ INABALÁVEL NO UNIVERSO

Neste capítulo, te ensinarei como permitir que o amor abundante do Universo flua. Você aprenderá a ver o medo como um caminho de volta para o amor e aprenderá técnicas que o ajudarão a permanecer no fluxo de bem-estar e proteger suas emoções positivas. Você reivindicará um senso de conhecimento fidedigno e verá como viver com essas expectativas positivas ilumina o caminho em todas as situações, mesmo as mais difíceis. Quando sintonizamos nossos pensamentos e energia com fé espiritual, podemos esperar milagres. Fé não é a esperança de que Deus ajudará você; é *saber* que a ajuda está a caminho.

VIVER UMA VIDA ESPIRITUAL

Este texto o ajudará a entender a importância de viver sintonizado com o Universo — não apenas se interessando pela sua prática quando ela for conveniente. Não quero que sua vida espiritual seja compartimentalizada e afastada de suas experiências diárias. Quero que você tenha uma vida espiritual sempre. Quero que sinta admiração a cada dia, ao testemunhar milagres acontecerem. Quero que se sinta conectado a uma força espiritual na qual você possa confiar. Quero que você atraia o que deseja e crie uma vida cheia de propósito, felicidade, abundância e paz. Quero que você se sinta livre.

Aceitar que é uma Superatração mudará tudo. Você confiará que é seguro se livrar do passado e não temerá mais o futuro. Mobilizará uma fonte infinita de abundância, energia, alegria e bem-estar. Esse bem-estar se tornará a regra para você e você crescerá para abraçá-lo como seu direito inato. Acima de tudo, saberá intuitivamente como se mostrar para a vida e trazer mais luz para o mundo ao seu redor.

Este livro é uma viagem para lembrar onde seu verdadeiro poder está. Você aprenderá como cocriar a vida que deseja. Você aceitará que a vida pode fluir, que atrair é divertido e que você não tem que trabalhar duro para conseguir o que deseja. Melhor de tudo, você se sentirá bem.

TORNANDO-SE UMA FORÇA DE AMOR NO MUNDO

Uma vez que você reivindica seu poder de Superatração, a pergunta a se fazer é: *O que você fará com isso? Quando você se sente bem, libera uma presença da alegria que pode elevar todos ao seu redor.* Ao invocar seu verdadeiro poder, você ajudará outros a fazerem o mesmo. As práticas aqui o capacitarão a viver seu propósito e elas amplificarão abundância, felicidade, saúde e paz para todos com quem você tem contato e muito mais. Ao final deste livro, você terá uma maior compreensão do seu propósito superior. Você saberá como desempenhar sua função: ser uma força de amor no mundo.

Está na hora de reivindicar seu poder. Abra o Capítulo 1 e vamos começar.

CAPÍTULO 1

O UNIVERSO SEMPRE RESPONDE

Estou tão empolgada por estar sentada na minha mesa escrevendo este livro! Acordo no meio da noite pensando em tudo que quero compartilhar com você. Quero muito escrever estas palavras nas páginas. Estou empolgada que você esteja aqui e igualmente empolgada por mim mesma. Veja, preciso deste livro mais do que você imagina. Em uma palestra recente que fiz, uma pessoa do auditório me disse: "Gabby, sou *coach* e me sinto uma fraude. Tenho um montão de medo, fico obcecada com coisas insignificantes e ainda estou resolvendo um monte de problemas pessoais. Como posso ajudar os outros a alcançar seus sonhos enquanto estou passando por momentos difíceis?" Eu ri e disse: "Querida, estou escrevendo o meu sétimo livro sobre espiritualidade e ainda sou um caso complicado!" Naquele momento admiti para mim mesma e para os ouvintes que eu estava dessintonizada com meu poder de Superatração. Admiti que, embora meu nome e meu rosto estivessem nos livros e tivesse com o microfone na minha mão, ainda precisava desesperadamente de um chute espiritual no traseiro. É por isso que estou tão entusiasmada para escrever esse livro. Sentada aqui no meu escritório, já me sinto melhor. Sinto-me empoderada pelas palavras que sei que estão surgindo e energizada pelas páginas que me comprometi a escrever, fico tranquila só de saber que as repostas estão dentro de mim.

Minha emoção sobre esse livro é uma declaração imensa para o Universo. É minha maneira de dizer sim para o sentir bem, sim para curar minhas falsas percepções e sim por viver com verdade, liberdade e alegria. O Universo sempre pega o que jogamos fora. E hoje, estou colocando uma energia de alegria no porvir desta jornada de escrita milagrosa.

Agora mesmo, enquanto escrevo este livro, minha líder de torcida espiritual está baixando e sou muito grata. Porque os últimos meses não foram muito bons. Eu realmente dessintonizei da energia da alegria e me desconectei completamente do meu poder de Superatração. Eu estava no meio do lançamento do meu livro *Judgment Detox*. Escrevê-lo foi uma bela experiência, mas quando chegou o momento de lançá-lo, me estressei muito seriamente. Estava sobrecarregada, com vários pensamentos de medo porque me sentia fora de controle, sem apoio e pressionada a produzir. Eu entrava e saía de uma postura obsessiva, tentando forçar o Universo a me dar as respostas que eu queria. Meu trabalho e minha vida pessoal sofreram devido ao meu desajuste. E tive muitas histórias negativas recorrentes. Estas produziram um esforço tão grande, que fiquei fisicamente doente e deprimida. Pior de tudo, senti culpa porque eu estava muito desconectada da verdadeira fonte de energia na qual cresci confiando. Cada pensamento negativo, ação controladora e resposta baseada no medo continuava a dizer para o Universo que eu estava dizendo sim para o caos.

Perdemos a sintonia quando nos agarramos a pensamentos inferiores, baseados no medo. O texto metafísico *Um Curso em Milagres ensina,* "Não existem pensamentos 'vazios'. Todo pensamento produz forma em algum nível." Cada pensamento que temos emite energia. Essa energia ou nos aproxima do fluxo acolhedor do Universo ou opõe-se a ele. A energia por trás de nossos pensamentos afeta diretamente nossas experiências. Quando temos um pensamento triste, de medo recorrente, ele cria uma força energética que eventualmente começa a se manifestar em nossas vidas. Por exemplo, durante o lançamento do livro *Judgment Detox*, fiquei repetindo o pensamento, "Se eu não fizer, ninguém mais fará." Esta história é uma velha conhecida minha. Repeti esse pensamento tantas vezes, que ele se tornou minha realidade. Acabei controlando cada detalhe e me senti desamparada porque não deixava ninguém me ajudar. Meus pensamentos de desamparo se concretizaram.

Sei que não estou sintonizada quando foco as metas e objetivos externos em detrimento da alegria de viver. Quando estou em desarmonia, tento controlar a situação. Fico ressentida, com a energia baixa e me sinto fisicamente doente. É um sufoco para fazer as coisas e termino prejudicando o fluxo da inspiração.

Por outro lado, quando estou sintonizada com o Universo, me sinto feliz e animada independentemente de quais sejam as circunstâncias. Fico esperançosa e positiva mesmo diante dos desafios. Não fico preocupada, estressada nem foco problemas. Coisas boas fluem até mim e a criatividade me invade. As pessoas querem me apoiar e encontro um caminho por entre os obstáculos.

Duas semanas antes do lançamento do *Judgment Detox* terminar, ficou claro para mim que eu estava terrivelmente fora de sintonia. Cheguei no fundo do poço com meus padrões e pensamentos negativos. Era como se eu estivesse sabotando o lançamento do livro drasticamente. Tentei controlar o processo, fiquei obcecada com o resultado e deixei o estresse ser a força motriz por trás de cada ação que adotei. Eu estava infeliz e não conseguia manter aquele comportamento; não tinha nenhuma escolha a não ser mudar. Uma noite eu disse para o meu marido: "Cansei de drama. Estou mudando a história. Vou obter mais ajuda e focar meus dons. Quero escrever mais, falar mais e viver minha força criativa. Dou as boas-vindas ao Universo pelo amparo desta mudança agora".

As palavras que falei foram mais do que apenas palavras. O que vivenciei foi uma troca de energia. Aceitei que num instante eu poderia escolher novamente e redirecionar minha vida. Adotei a verdade: No momento em que sintonizamos com o amor, o Universo responde intensamente. A qualquer momento podemos mudar nossa história e abraçar o que realmente queremos. Assim que dizemos, o Universo responde.

Poucos segundos depois de fazer minhas preces, comecei a me sentir melhor. E deixei aquele momento maravilhoso me levar. Comecei a sonhar com as pessoas que eu contrataria para me arrumar um local onde eu pudesse me concentrar no meu trabalho criativo. Eu me dediquei a relaxar e me recuperar. Dias depois fui para Califórnia encerrar o evento de lançamento e me diverti como nunca. O planejamento do evento ocorreu perfeitamente, a mídia ajudou a divulgar a notícia e o público se divertiu muito. No palco, permiti me entregar à minha arte e deixei a força criativa do Universo percorrer por mim. Meu marido percebeu minha mudança e disse: "Ok, o que aconteceu? Você está muito melhor." Eu disse: "Falei para o Universo que eu estava pronta para sintonizar."

O segredo para sintonizar novamente é a força de vontade. Em um instante podemos esquecer nosso medo e reinventar novamente. Podemos começar uma nova história, mudar nossas percepções e permitir que milagres se revelem. Pensamentos de baixa vibração se tornam um vício e, como com qualquer vício, precisamos interromper o padrão para curá-lo. Este livro oferecerá ferramentas poderosas para ajudá-lo a interromper a energia negativa e os pensamentos de baixa vibração, de modo que você possa redirecionar sua vida para o que deseja — e, mais importante, para que possa se sentir bem, liberar o controle e confiar no Universo.

Ao longo do livro vou mencionar um dos meus instrutores espirituais favoritos, Abraham-Hicks, muitas vezes conhecido como Abraham. Ele é o trabalho de uma mulher chamada Esther Hicks, que é um canal para ensinamentos e lições sobre o tema da Lei de Atração. Ela é uma das profissionais mais poderosas na área. "Abraham" é tido como um substantivo no plural, porque o nome representa a energia espiritual coletiva descrita como "uma consciência de grupo de dimensão não física". Meus próprios ensinamentos e minha vida pessoal foram amplamente influenciados por Abraham e fico orgulhosa de compartilhar seus ensinamentos ao longo deste livro. Abraham-Hicks diz: "Existe somente uma onda de Bem-estar que flui. Você pode permiti-la ou resistir a ela, mas ela flui do mesmo jeito." A onda de bem-estar é um fluxo de amor, de criatividade, inspiração e paz sempre presente. Quando nossa energia vibra com amor, nos igualamos à força criativa do Universo. Quando você está neste fluxo, sabe que não importam as circunstâncias, há uma solução espiritual. Você tem uma sensação de liberdade e fé de que o que deseja está a caminho mesmo que não possa vê-lo ainda. Você se diverte mais e se sente melhor. Portas invisíveis se abrem para você e oportunidades criativas surgem sem esforço. Você pode fazer menos e receber mais. Quando você está sintonizado com o fluxo do Universo você é uma Superatração criando a vida que deseja e atraindo mais do que poderia imaginar simplesmente por escolher se sentir bem. A vida é muito mais fácil quando você está sintonizado com o Universo.

Por isso, hoje, vou lhe fazer uma pergunta importante: você está preparado para sintonizar com o Universo?

Sei que a resposta é sim. Mas quero investigar mais. A resposta é: "Pode ter certeza, Gabby, estou preparado!"

Ou é um: "Sim, mas..."?

Essa é uma distinção importante porque mesmo uma resistência sutil bloqueará o fluxo.

Se você está resistente ou hesitante em responder a essa pergunta, aqui está a solução: vamos chamar sua resistência agora. Na verdade, é muito provável que você esteja fora de sintonia com o sentimento de alegria de alguma forma, então não surte! Só se perdoe agora. Faça essa prece silenciosamente ou em voz alta: *Perdoo meu passado, libero o futuro e amo como me sinto no presente*. No momento em que você perdoa seu passado, abre espaço para o presente e uma mudança de energia acontece. E aqui está, de fato, a coisa emocionante: neste momento você está no caminho totalmente certo. O Universo está sempre dizendo SIM, mesmo quando não pareça, necessariamente. O simples fato de ler este livro significa que você diz sim para a alegria, abundância, bem-estar, romantismo e qualquer outra coisa que você possa desejar. Abrir este livro é uma declaração imensa ao Universo de que você deseja sintonizar com um poder superior e ser uma Superatração. Portanto, se há muitos problemas na sua vida agora, comece por agradecê-los. Os problemas em nossas vidas nos oferecem uma escolha: podemos deixá-los prevalecer ou deixar que nos conduzam à graça. Os métodos neste livro o ajudarão a mudar.

Assim que você muda, começa sua vida nova! Um modo novo de perceber o mundo, você mesmo, seus relacionamentos e seu corpo físico. Seu desejo de se sentir melhor é tudo que você precisa para entrar em sintonia. Portanto, meu amigo, deixe a mudança começar.

Mesmo as experiências mais difíceis lhe oferecem grande sabedoria e direção. Seja grato pelo que lhe causou grande desconforto, porque revela o que você ainda precisa curar. Reserve um momento para agradecer os acontecimentos que não foram bons em sua vida. Abençoe esses problemas para que você possa libertá-los. Tire um tempo para ver a perda do emprego como uma oportunidade de trocar de carreira por um trabalho que faça você feliz. Veja o término como uma chance de se amar mais. Esteja aberto para compreender uma doença como uma chance de se aproximar de Deus. No momento em que escolhemos entender nossa dor como o catalisador para grande cura e crescimento, nos sintonizamos com o poder do Universo. Essa gratidão te ajuda a sair do vitimismo e adotar uma postura positiva.

Você pode estar pensando: "Se sou grato por isso, não darei a entender que estou bem?" De fato, o oposto é verdade. Quando você permite que situações difíceis dominem sua vida, você dá poder e força a elas. Assim que você escolhe ver a luz nos cantos escuros, você redireciona seu poder para onde deseja. Situações difíceis ou desagradáveis ajudam a esclarecer aquilo que você não quer, ajudando-o a descobrir o que quer. Esse é o primeiro passo para voltar a entrar em sintonia.

Durante minha vida, estas simples mudanças me ajudaram a transformar escuridão em luz. Um dos exemplos mais importantes para mim, aconteceu no dia 2 de outubro de 2005. Esse foi o dia em que decidi largar o álcool e as drogas e ficar limpa. Essa mudança não só salvou a minha vida, como também acabaria por salvar a de muitas outras pessoas. Escrevi sobre minha recuperação no meu livro *Spirit Junkie,* e esse trabalho inspirou leitores de todo o mundo a encontrar seu próprio caminho para a recuperação. Meu desejo de aprender com meu vício, me perdoar e escolher o amor ajudou inúmeras pessoas.

Se você está lutando com algum tipo de vício, seja ele uma substância, um comportamento ou mesmo pensamentos temerosos, saiba que nesse momento você pode escolher novamente. Sua escolha pelo amor o ajudará a redirecionar a sua vida. Disponha-se a se perdoar agora por tudo o que foi e celebre tudo o que você será.

Sinto-me empoderada quando sou grata pelas dificuldades. Posso mesmo ver eventos traumáticos e vícios como instrumentos de aprendizado em vez de períodos sombrios lamentáveis. Cada situação difícil na minha vida, não importa quão difícil ela fosse no momento, me ofereceu graça do outro lado. Escolhi crescer pela dor e encontrar honra em tudo que passei. Escolher ver tempos difíceis com graça me ajudou a sair do vitimismo e me orgulhar de mim mesmo pela minha vontade de crescer.

É claro, o objetivo não é desmoronar para sintonizar. O objetivo é tornar a sintonia uma prioridade diária. Visto que estamos no início dessa jornada, você pode pensar que a falta de sintonia parece ser o seu padrão. Não se preocupe. No momento em que você se sente fora de sintonia, pode ser grato pela lição e se perdoar rapidamente.

Você não tem que consertar toda a sua vida para se sentir melhor agora! Na verdade, não precisa fazer muito. Comece a sua mudança em sintonia com um método que chamo de "Escolha novamente".

O MÉTODO DE 3 ETAPAS "ESCOLHA NOVAMENTE"

Quando você começar essa prática, recomendo que você documente cada etapa no seu diário Superatração (visite a página no site GabbyBernstein.com/SuperAttractor). Quanto mais você usar esse método, mais ele se tornará um hábito. Com o tempo, você será capaz de rapidamente seguir o método de cabeça sempre que precisar. Por ora, de qualquer forma, deixe seu diário ajudar na sua trajetória.

Etapa 1: Observe o pensamento.

Quando se vir preso em negatividade ou medo, recue. Você pode fazer isso ao perceber que seus pensamentos e sua energia não estão sintonizados com a alegria. Pergunte-se: "Como estou me sentindo agora?" e escreva a resposta no seu diário.

Etapa 2: Perdoe o pensamento.

Perdoe-se por estar dessintonizado e celebre seu desejo de mudar. Agradeça aos seus sentimentos e pensamentos negativos por te mostrarem o que você não quer e revelarem o que quer. Junto a cada pensamento negativo que você documentar, escreva o seguinte: "*Obrigado por me revelar o que não quero para que eu possa descobrir o que quero.*"

Etapa 3: Escolha novamente.

Responda essa pergunta no seu diário: "Qual é o melhor pensamento que posso ter agora?", então peça ao Universo para guiá-lo na direção desse pensamento. Em seu diário, escreva esta prece ou a diga para você mesmo: "*Obrigado, Universo, por guiar meus pensamentos na direção das emoções positivas.*"

Ao seguir essa etapa, lembre-se de que você está chegando no próximo sentimento bom. Você não é obrigado a encontrar uma solução definitiva. Assim, se por exemplo, você está com dificuldades financeiras, o pensamento "Em uma semana estarei sem dívidas!", é provável que crie *mais* desordem, porque provavelmente você não acredita nele. Em vez disso, escolha um pensamento que seja realista e possível. Para essa etapa funcionar, você deve acreditar no seu melhor pensamento. Se há qualquer dúvida, então sua energia não vai ajudar as suas preces. (Tenha em mente que o Universo sempre ouve as suas preces. Porém sua energia deve firmar essas preces para que *você* escute a orientação que o Universo oferece.)

Vejamos como aplicar as três etapas do Método "Escolha Novamente": como anteriormente, imagine alguém que está sofrendo com falta de dinheiro e incerteza. Naturalmente, os pensamentos dominantes dessa pessoa giram em torno da dívida e do medo paralisante de não ser capaz de pagar suas contas. E assim ficou obcecado por esses pensamentos de medo, porque a voz interior do medo (também conhecida como ego) o convenceu de que quanto mais ele pensar sobre, mais poderá controlar a situação. É nesta fase que podemos usar a etapa inicial para reconhecer os pensamentos negativos. É normal, claro, pensar que ficar obcecado com um problema é como encontrar soluções. Mas na verdade tem o efeito contrário. Quanto mais sua mente foca o medo e a carência, mais distante você fica de encontrar uma solução. Colocamos energia no objeto do nosso foco. Essa energia influencia nosso estado emocional e este é o nosso ponto de atração. O pensamento guiado pelo medo nos deixa fora de sintonia com a energia positiva. Quando estamos dessintonizados desta energia, nos desconectamos da proteção do Universo. O Universo tem a capacidade de trazer soluções criativas para a obtenção de novas maneiras de administrar dinheiro e outras ideias que uma mente sensata dominada pelo medo não consegue elaborar. Porém, precisamos estar em uma postura receptiva para ouvir as respostas.

A saída desse *loop* negativo está na Etapa 2, esquecer os pensamentos dessintonizados. Pelo perdão, podemos libertar o passado e aceitar que o presente oferece uma oportunidade para a graça. Mesmo um lampejo de lucidez basta para redirecionar nossa energia na obtenção de um pensamento melhor. Passando para a Etapa 3, pensamos: "Qual o melhor pensamento que posso ter agora?". Uma ótima maneira de obtê-lo nesse caso poderia ser com a seguinte frase: "Estou aberto a possibilidades criativas de abundância." Essa afirmação se torna uma prece. Ao fazer esse tipo de afirmação silenciosamente ou em voz alta, declaramos com muita força para o Universo que estamos prontos para escolher novamente. No instante em que escolhemos um pensamento de amor, nossas emoções e nossas energias mudam. Isso é novamente sintonizar com o Universo.

O Método "Escolha Novamente" pode parecer simples a princípio. Você pode estar se perguntando como transformar pensamentos negativos que podem tê-lo atormentado por anos tão facilmente. Garanto-lhe que optar pela mudança de pensamentos não precisa ser difícil. Não importa se esses pensamentos negativos estão com você há duas semanas ou vinte anos. A simples escolha de se sentir melhor é suficiente para colocá-lo no caminho que você deseja. Então, use essas três etapas para ajudá-lo a redirecionar sua energia e diminuir o fluxo de negatividade.

A simplicidade deste método pode tentá-lo a ignorar seu valor. Serei bem objetiva: não temos tempo para remoer nosso drama. Comprometer-se com um caminho espiritual significa estar pronto para despertar rápido. Precisamos tornar o sentimento de bem-estar nossa maior prioridade e fazer o que for preciso para sermos Superatrações. Nosso compromisso de viver em sintonia nos ajudará a permanecer sãos nesses tempos. Não importa onde você está no mundo, você não pode se esconder da energia negativa do noticiário diário, da conjuntura política e dos sentimentos de divisão. Mesmo se fosse capaz de ignorar o mundo ao seu redor, talvez por anulação ou escapismo, você o faria à custa do bem maior. Você privaria o mundo de sua energia positiva, que afeta não só você mas todos com quem você tem contato.

Vivo entre algumas centenas de vizinhos, em uma cidade rural. Mesmo aqui, na paz e tranquilidade do campo, não estou imune à energia negativa do mundo. Tudo que tenho que fazer é ouvir o noticiário ou visitar as mídias sociais para me sentir atingida pelas baixas vibrações. Mas, em vez de me deixar desanimada, ela me dá uma oportunidade de usar o Método "Escolha Novamente" e fortalecer minha conexão com o Universo. Ao nos tornarmos conscientes de como vibrações negativas externas nos afetam, podemos seguir as três etapas e mudar rapidamente. A única maneira de voltar à sintonia de amor é ter consciência de como nos desviamos. Ao longo deste livro vou encorajá-lo a voltar ao Método do "Escolha Novamente" para testemunhar sua falta de sintonia e voltar a amar depressa.

É importante entender que esse método não foi criado para você ignorar seus problemas. Ele foi criado para ajudá-lo a atrair soluções. Lembre-se, o melhor pensamento que você pode conseguir pode não ser a solução final, mas ele o ajudará a se sentir melhor. Cada sentimento bom oferece-lhe orientação para as soluções que você busca e a verdadeira alegria de quem você é. Siga esta prática para guiar sua energia de volta ao Universo para então se tornar uma combinação energética perfeita de cura e orientação. Quanto mais você fizer desse método um hábito, mais se sentirá bem. E quanto melhor você se sentir, mais facilmente atrairá os sentimentos e as experiências que quer na sua vida.

Cada capítulo deste livro oferecerá novos métodos que auxiliarão no fortalecimento de sua conexão com o Universo, direcionando seus desejos de se tornar uma Superatração. Antes de embarcar no restante das lições, é interessante sempre começar pelo escolha novamente. Cada etapa do Método "Escolha Novamente" é crucial para sua sintonia e mantém uma promessa. Vamos revisá-las:

Na Etapa 1: você reconhece que está fora de sintonia. Não consegue mudar um mau hábito sem admitir que ele está lá. Toda prática espiritual deve começar com conscientização, então conscientize-se de sua falta de sintonia e agradeça aos seus pensamentos e sentimentos. Você demonstra gratidão por estes pensamentos e sentimentos porque eles mostram o que você não quer e o direcionam para o que verdadeiramente deseja.

Etapa 2: você deve perdoar-se por estar dessintonizado. Se não, ficará preso ao passado e permanecerá ligado a padrões negativos, não importa o quanto você tente mudar. Perdoe a você, seus pensamentos e qualquer coisa que o fez chegar a esse ponto.

Aceite que mesmo as experiências mais difíceis na sua vida te deram uma oportunidade para crescer, se você permitir. Podemos ser a vítima do mundo que vemos ou perceber as experiências difíceis do passado como um catalisador para mudança.

E finalmente, você tem a opção de escolher novamente. Ao alcançar o seu melhor pensamento, instantaneamente, você se coloca em um novo estado vibracional. Esse pensamento novo é uma prece. Com isso, você transmite ao Universo que deseja se sentir bem. Com essa nova vibração, o Universo ajuda-lhe a agir corretamente. A próxima ação correta pode aparecer para você como um sentimento bom, uma nova ideia ou como um desejo de acabar com um padrão tóxico. Em outubro de 2005, no instante em que escolhi me libertar do vício e ficar sóbria, o Universo rapidamente me fez ligar para um amigo que me ajudou a conseguir uma reabilitação. Assim que pedi ajuda, o Universo respondeu.

Lembre-se de que não podemos ouvir a orientação intuitiva do Universo até que estejamos dispostos a pedir ajuda. Receber orientação espiritual requer que estejamos sintonizados com a energia do Universo. Imagine que você está sempre reclamando sobre seu trabalho com um amigo íntimo. Ele tenta orientá-lo, mas sua negatividade incessante e o medo o impedem de ouvir o que ele fala. Você resiste à orientação dele porque está muito focado no que não está funcionando. Então, finalmente, quando as coisas ficam muito difíceis e você não consegue suportar mais, você desaba. Você liga para seu amigo e pede ajuda. Ele responde com direcionamento extremamente claro, compaixão e aconselhamento. Você diz: “Isso era exatamente o que eu estava precisando ouvir.” Ele responde: “Eu venho lhe falando isso há muito tempo.” O aconselhamento dele era o mesmo, a única diferença era que você escolheu ouvi-lo.

Não é diferente a sua relação com o Universo. Este está sempre conspirando a seu favor e, compassivamente, quer levá-lo na direção do bem maior. Quando você está focado no caos e medo, ou tentando controlar tudo, você desvia este amparo e esta orientação. Mas no momento em que se rende, o Universo está lá para levantá-lo e mostrar-lhe o caminho.

Você não precisa chegar ao desespero para se render. Não tem que continuar descendo para o fundo do poço e ficar estirado nele. Você pode escolher de novo, fazer do amor um hábito. Render-se deve ser a *primeira coisa* que você faz e não o seu último esforço desesperado. O Método "Escolha Novamente" é o seu caminho para uma comunicação mais clara com o Universo.

Minha ideia é ajudá-lo a ficar em contato permanente com o Universo. Descobri que em certas áreas da minha vida foi tranquilo receber orientação do Universo, ao passo que em outras, resisti. As áreas em que há resistência são aquelas onde meus pensamentos dominantes estão presos pelo medo. Fiz muita terapia, recuperação de sobriedade, cura de trauma e várias outras práticas para reorganizar essas crenças dominantes. Mas nada me ajuda mais do que entregá-las ao Universo para obter apoio. Assim que permito ao Universo substituir minhas crenças baseadas no medo por novas percepções, recebo um milagre. Nossa mente analítica quer resistir a essa simplicidade. Queremos acreditar que essa recuperação (para mudar nossas crenças) levará décadas; porém Abraham-Hicks diz: "Uma crença é só um pensamento que você continua pensando." Quando você escolhe um pensamento novo, a mudança acontece.

Quero que você escolha de novo — e rápido — e siga as orientações do Universo que estão sempre disponíveis para você. Ao escolher novamente, uma solução é oferecida. Isso não significa que não sejam necessárias mais curas. A solução ainda pode estar longe. Então, mesmo que o problema não pareça resolvido por completo agora, você pode confiar que está sendo guiado na direção certa. Acredite que, ao se deixar guiar pelo Universo, você receberá Direção Organizada e Positiva (a força Universal do amor, também conhecida como DEUS). Você será intuído para onde ir e o que dizer e conseguirá transpor os obstáculos mais facilmente.

Quando escolhemos novamente, enviamos uma prece para o Universo afirmando que estamos prontos para nos sentirmos bem. Quando fiquei sóbria, minha mentora da reabilitação me disse para ajoelhar e pedir a Deus que me mantivesse longe das drogas. Ela disse que quando eu sentisse vontade de uma recaída, nunca devia tentar resolver o problema sozinha. Ela chamou esse comportamento de "recuperação na raça". Em vez disso, sugeriu que eu entregasse meu vício a um poder superior que me guiasse de volta. Na época eu não tinha muito relacionamento com Deus ou com o Universo. Eu me identificava como uma pessoa espiritualizada, mas ainda não tinha estabelecido o que o conceito de um poder superior significava para mim. No entanto, segui suas instruções. Ela disse: "Aja como tal e será guiada." Então me ajoelhei e comecei a rezar diariamente. Na ocasião, minha prece era para me manter sem drogas e sóbria. Toda vez que era tentada a beber ou usar drogas, me ajoelhava e rezava. Em jantares ou encontros, se me sentisse tentada, pedia licença e ia para o banheiro rezar e me recompor. A prece se tornou minha resposta imediata para qualquer desordem interna ou propensão viciante. Rezar se tornou um hábito. Até hoje, quando me sinto sem paz, é um sinal de que tenho confiado em minha própria força em vez da força de um poder superior. Nesses momentos sigo o Método "Escolha Novamente": observe o pensamento, perdoe-o, escolha novamente.

Rezar não significa ajoelhar-se ao lado da cama e falar com Deus. Uma prece pode vir por intermédio de um simples pensamento entregue, quando você julga que sua vontade não está mais funcionando e convida um poder superior para guiá-lo. No instante em que você optou por um pensamento melhor, pediu para sintonizar com um poder superior. Você pode chamá-lo de Universo, anjos, espírito, guia interior, Deus. Não importa; apenas chame-o. Os métodos deste livro são amparados por uma prece. Eles são planejados para ajudá-lo a oferecer suas queixas e seus medos para um poder superior. Renda-se a cada prática neste livro e fortaleça sua fé na energia Universal do amor. Com sua fé, você se sentirá seguro e determinado, não importa o que aconteça. Siga esses métodos para sintonizar com o Universo e desfazer sentimentos de separação e dúvida. Meu último mentor e amigo Dr. Wayne Dyer disse: "Quando você elimina o conceito de separação de seus pensamentos e de seu comportamento, começa a sentir sua conexão com tudo e com todos." Essa conexão é seu poder de Superatração.

Você só tem que tirar os obstáculos à frente. Cada prática neste livro lhe oferecerá uma abertura gradual para a energia que está disponível para você sempre. *Gradual* é a palavra-chave. Não espero que você passe da carência para abundância ou da doença para a saúde imediatamente. O que espero é que você siga essas etapas e, aos poucos, mude suas percepções, seus pensamentos e sua energia, um momento de cada vez. Esse efeito gradual oferecerá mudança de longa duração. Quando você mudar de ideia sobre sua experiência, esta mudará. Essa é uma mudança sutil, mas muito potente, que acontece quando você muda da escuridão para luz.

Mantenha-a simples, siga a minha orientação e deixe as emoções positivas levarem-no gentilmente de volta à sintonia com a sua verdadeira natureza!

Cada método neste livro lhe ajudará a entrar novamente em sintonia. Minha esperança é que depois de aprendê-los, você irá usá-los alternadamente e torná-los parte de sua rotina diária. Quanto mais você usar esses métodos em sua vida, mais rápido se tornarão um hábito. Precisamos treinar para nos sentirmos bem, com o objetivo de tornar o sentir-se bem um hábito. Ficamos muito apegados à negatividade, já é hora de redirecionar nosso foco. Ao utilizar esses métodos, você será capaz de rapidamente passar do medo para alegria e sintonizar com a sua natureza de Superatração. Divirta-se com essas ferramentas e use-as o máximo possível!

Não existe jeito certo ou errado de usar esses métodos. Apenas certifique-se de que você está se divertindo! Não deixe que sua prática espiritual se torne um fardo. Que seja um alívio do drama mundial e de seu conflito interno. Mantive esses métodos simples para que você possa fazê-los facilmente em qualquer ocasião, não importa o que esteja acontecendo na sua vida. Essas ferramentas o farão voltar para a sua natureza verdadeira e alegre. Sintonizar com o Universo deve ser uma escolha consciente que fazemos durante todo o dia.

COMECE SEU DIA EM SINTONIA

Quando abrimos os olhos de manhã, podemos optar por dois caminhos: sintonizar com o Universo por meio de prática espiritual, meditação, prece, afirmação, ou exercício... ou podemos pegar o celular, ver o noticiário, engolir uma xícara de café e começar a correria.

Quando escolhemos a segunda opção, normalmente começamos nosso dia com vibrações negativas e sobrecarregados. Então é imperativo que mudemos nossos hábitos matinais. A manhã é um horário sagrado e deve ser apreciada. É quando escolhemos como queremos que seja o resto do dia. Uma simples mudança em nosso comportamento pode redirecionar nosso dia inteiro.

Prepare-se para vencer ao começar seu dia com uma prática que irá sintonizá-lo assim que acordar! Descobri que esse é o horário ideal para sintonizar sua energia com o amor. Você passou a noite dormindo em uma energia de não resistência. Abraham-Hicks ensina que quando dormimos, liberamos resistência para pensamentos negativos. Isso significa que, quando acordamos, temos um novo começo à nossa frente — uma oportunidade de liberar a negatividade do dia anterior e começar de novo. É por isso que os primeiros momentos do dia são tão preciosos. Podemos aproveitar esse estado de não resistência e começar o dia com uma nova atitude. Siga uma prática matinal para começar seu dia em sintonia e manter suas emoções positivas ao longo do dia.

Desenvolvi uma riqueza de práticas espirituais para usá-las assim que acordar. Criei o aplicativo *Spirit Junkie,* que é configurado para me mostrar uma afirmação positiva antes de mais nada (você pode encontrá-lo em *GabbyBernstein.com/SuperAttractor*). Então configuro meu telefone para o modo avião e medito. Porém há uma prática matinal em particular que mudou minha vida: depois que saio da cama e escovo os dentes, recito mantras positivos! Os mantras me orientam a retribuir o amor do Universo, a me aceitar, a me perdoar por qualquer falta de equilíbrio do dia anterior. Afirmo como quero me sentir, quem quero ser e como quero me mostrar para o mundo. Afirmo amor-próprio e compaixão.

Afirmo minha vontade de me sentir bem. Essa prática tem sido uma salvação para mim. Ela me coloca instantaneamente em sintonia espiritual, física e emocional. Afirmar positividade me ajuda a aproveitar minha conexão com o Universo e percorrer esse momento ao longo do dia.

Ao acordar, você pode recitar silenciosamente ou em voz alta os seguintes mantras. Ou então, você pode baixar meus mantras de áudio, que são baseados em músicas inspiracionais em *GabbyBernstein.com/SuperAttractor*. Você pode ouvi-los ao acordar e até mesmo ao longo do dia. Independentemente de como você se sente ao acordar de manhã, essas afirmações irão ajudá-lo a entrar em sintonia. Essas palavras podem ajudá-lo imensamente, mesmo quando você não acredita nelas. Só as diga em voz alta e deixe o poder de suas intenções colocá-lo em sintonia de novo. Fiz dessa prática uma rotina diária e espero que ela traga tanta alegria para você quanto trouxe para mim.

SEUS MANTRAS MATINAIS

Meu corpo está descansado e minha mente limpa.

Começo meu dia com pensamentos positivos e energia.

Estou relaxado, não resistente e limpo.
Meu dia corre com graça e tranquilidade.
As pessoas me amparam ao longo do dia.

O Universo ampara meus desejos hoje.

Estou aberta para receber poder.

Estou energizada e inspirada.

Possibilidades Criativas estão disponíveis para mim.

Nada me detém.

Ajo com fé e clareza.
Estou saudável, bem e vibrante.

Hoje é um dia importante. Estou me divertindo hoje.
Levo alegria para os outros.

Levo luz comigo onde quer que eu vá.

Sou uma influência positiva no mundo.

Tudo está bem.

Repetir esses mantras sozinha ou com o áudio o transformará imediatamente em uma energia mais forte e positiva. Convido você a fazer desse método parte de sua rotina diária. Ele irá ajudá-lo a se livrar dos bloqueios mentais, liberar resistência e se preparar para um dia milagroso. Gastar até cinco minutos em afirmação é suficiente para mudar a direção de seu dia.

Se você tem filhos, inclua-os nessa prática também! Imagine como uma criança se sentiria empoderada se começasse seu dia com positividade. Não há prática melhor para fazer seu filho se sentir bem.

Ao adotar o Método "Escolha Novamente" e os mantras, você começará a se sentir melhor. Mas no momento em que começar a se sentir bem, é possível que algo traiçoeiro possa acontecer. Seu ego (a voz interior do medo) resistirá aos seus bons sentimentos. A voz do ego tem sido seu diálogo interior dominante por tanto tempo que ela pode ser uma fortaleza em seu subconsciente. Tudo bem, de qualquer forma, vamos falar dela no capítulo seguinte!

No Capítulo 2 irei ajudá-lo a se conscientizar das formas que o ego resistirá ao sentir-se bem. Ajudarei você a aceitar que é bom se sentir bem. Emoções positivas são a nossa herança e, no próximo capítulo, você não se desculpará por como quer se sentir. Não tenha medo do ego, porque seu compromisso com o amor é mais forte que o medo. Estarei com você a cada passo do caminho.

CAPÍTULO 2

É BOM SE SENTIR BEM

De todos os obstáculos para o nosso poder de Superatração, o maior de todos é a nossa resistência em sentir-se bem. Não acredita? Pergunte a si mesmo: Você tem confiado no medo como uma forma de proteção contra sentimentos de decepção ou mágoa? É tão fácil entrar nesse modo de pensar que você pode nem percebê-lo. O medo pode parecer um meio natural de se proteger e manter o controle. Ficamos muito mais confortáveis no modo medo do que no modo alegria e fé. Você pode estar pensando: "Peraí, eu não vivo com medo o tempo todo. Como posso confiar no medo?" A resposta é que o medo assume várias formas e as emoções que você provavelmente conhece, — tais como ansiedade, atitude defensiva, julgamento, e o impulso de controlar — na verdade, resultam de uma sensação de medo. Pense no medo como o oposto do amor. Quando você se deixa levar pelo medo, como a maioria de nós, se desconecta do fluxo livre do amor do Universo.

A triste verdade é que muitos de nós somos adictos em medo. Ficamos tão acostumados com as terríveis projeções do mundo que não confiamos que as coisas possam ser boas. Inconscientemente pensamos que, se focarmos em coisas boas, perderemos o controle, ficaremos desprotegidos, ou suscetíveis às frustrações. O ego nos convenceu de que o "bem" é limitado e, mais cedo ou mais tarde, nossa sorte acabará. Suspeitamos que qualquer coisa realmente boa provavelmente é boa demais para ser verdade.

A sociedade nos convenceu de que se vale a pena ter algo, requer luta, perseverança heróica e sacrifício. Por essa razão, nos tornamos viciados em sofrimento e essa mentalidade realmente aumenta o nosso esforço! Quando acreditamos que precisamos sofrer, dizemos para o Universo que é o que queremos. Lembre-se da mensagem no Capítulo 1: O Universo sempre responde. Se acreditamos no sofrimento, sofreremos.

O que estou prestes a dizer pode assustá-lo. Quero que leia a frase a seguir quantas vezes precisar para ela entrar na sua cabeça.

Para viver de fato como Superatração, devemos aceitar que coisas boas podem surgir facilmente.

Isso é provavelmente o oposto de tudo que você já aprendeu! Isso é porque a maioria de nós entende tudo distorcido. Durante toda a nossa vida, mantivemos nossas crenças baseadas no medo para nos sentirmos seguros. Acreditamos em pensamentos do tipo: "Tenho que trabalhar muito para vencer", "Estou muito velha para ter um filho" e "Sou péssimo em relacionamentos." Consegue ver como todos esses pensamentos estão baseados em uma energia de resistência? Nossa resistência ao sentir-se bem é o que bloqueia o que queremos atrair. No momento em que liberamos essa resistência e deixamo-nos sentir bem, então tudo que desejamos chega para nós naturalmente. Quando nos sentimos bem, atraímos soluções em vez de problemas. Quando nos sentimos bem, a vida flui naturalmente.

Sei que é difícil entender isso. Muitos estudantes de práticas espirituais (inclusive eu) acreditam neste conceito, mas têm dificuldade em adotá-lo. O medo tem um forte domínio sobre nós. Resistimos tanto a nos sentir bem que esperamos que a vida seja difícil.

A título de exemplo, aqui está como o medo se apresentou no início da minha carreira. Nos primeiros dez anos construindo meu negócios, vivenciei muita alegria e fé. Mas, por baixo dessa alegria e fé, havia um sentimento de medo sempre presente. Eu estava com medo de que se não trabalhasse muito, minha carreira iria por água abaixo. Essa crença surgiu na infância. Quando eu era jovem, comprei a história de que "se eu não fizer, ninguém mais fará". Passei minha vida acreditando que tinha que me esforçar muito e trabalhar até me esfalfar para conseguir o que eu queria. Minha carreira continuou a progredir porque a alegria e a fé eram mais fortes do que o medo. Mas embora eu estivesse me divertindo e alcançando o sucesso, sempre sentia como se tivesse que ser difícil ou não continuaria a funcionar. Não importava quão inspirada me sentisse ou o que eu tivesse conquistado, sempre sentia como se estivesse lutando e que havia ainda *sempre* mais a fazer. A crença "se eu não fizer, ninguém mais fará" estava bloqueando meu poder de Superatração. E embora o Universo tenha me apresentado muitas oportunidades e prosperidade, elas não vieram sem esforço. No fundo eu sabia que tinha que haver um jeito melhor, mas por um longo tempo eu não estava preparada para realmente acessá-lo.

Foi antes de 2016 que cheguei no fundo do poço com meu vício em trabalho. Meu esforço e estresse definitivamente me derrubaram. Minha crença de que tinha que fazer tudo criou um mundo em que me sentia muito desamparada, assustada e sozinha. Meu corpo estava adoecendo, eu não estava segurando as pontas e meus relacionamentos iam mal. Então atingi o fundo do poço. Normalmente, este fundo é um momento de rendição e, neste caso, o foi para mim. Nesse estado de rendição, eu disse em voz alta: "Tem que haver um jeito melhor." Eu não podia mais recusar a ajuda dos outros e, principalmente, recusar o amparo do Universo. Quando cheguei no fundo, ganhei um presente. Finalmente pude perceber como estava aterrorizada de me sentir bem. Percebi que eu comparava sentir-se bem com perda de controle. Pior de tudo, eu estava com medo de me entregar ao poder superior do Universo. Eu acreditava que tinha que confiar em mim mesma e que tinha que sofrer para vencer. Enquanto essa crença estava profundamente arraigada em minha mente, o Universo começou a me mostrar uma solução espiritual.

No momento em que me ajoelhei e me rendi ao Universo, um novo caminho surgiu para mim. Assim que parei de acreditar que estava desamparada, o amparo veio! Primeiro se mostrou como uma intuição. Quando sintonizamos com o Universo, podemos receber uma direção amorosa, uma espécie de sabedoria interior. Às vezes ele pode surgir como um arroubo de inspiração ou um download de informações. Desta vez, ouvi uma orientação intuitiva muito clara. Em uma manhã, estava escrevendo no diário e minha mão começou a se mover mais rápido do que o normal. Minha letra mudou e as palavras assumiram um sentido diferente. Eu sabia que estava recebendo orientação de uma presença Universal. Estas palavras surgiram na página: *"Preste atenção nas ocasiões em que você se sente amparada. Perceba os sentimentos de amparo e continue a senti-los ainda mais."*

Fiquei tão comovida com essa orientação espiritual que a adotei imediatamente. Perguntei a mim mesma: "Onde me sinto amparada?" Na hora, Anette, minha produtora de eventos, veio à minha mente. A única área na minha carreira em que eu aceitava a ajuda de alguém era na de organização de eventos. Por vários anos ajudei Anette a organizar os lançamentos de meus livros e eventos de grande escala. Ela é uma potência que dá conta do recado! É tão confiante e responsável e sua energia domina de um jeito que você não tem outra escolha senão aceitar sua ajuda. Não importa quanto tentasse controlar a situação, ela sempre me dizia para eu cair fora e confiar nela. Quando eu estava trabalhando com ela, sempre tinha fé de que tudo estava em ótimas mãos. Eu me sentia muito amparada e tranquila, sabia que Anette me apoiava.

Comecei a botar esse sentimento de amparo em ação. Depois de escrever e receber essa onda de intuição, fiquei alguns minutos divagando quanto eu amo Anette e como me sinto apoiada por ela. Então escrevi no meu diário: "Quando trabalho com Anette, percebo tudo que está acontecendo ao meu redor e me sinto verdadeiramente amparada." Vou falar para você, *me senti tão bem* ao escrever essas palavras! Essa declaração afirmou exatamente o quão bem eu queria me sentir! É tão bom se sentir bem. A orientação Universal que coloquei no meu diário era exatamente o que eu precisava para redirecionar minha energia e voltar a sintonizar com o auxílio do Universo.

Repeti isso por meses: "Tudo está acontecendo ao meu redor e me sinto verdadeiramente amparada. Disse enquanto dirigia, cozinhava, antes de ir para cama e quando acordava de manhã. Tornou-se meu mantra. Nos momentos em que senti o desejo de assumir qualquer coisa, de um grande projeto a uma tarefa simples e fazer tudo sozinha, eu recorri a esse mantra.

Não só repeti esse mantra o dia todo, como passei minha prática de quietude meditando como era bom trabalhar com Anette. Eu me via nos bastidores, totalmente relaxada sabendo que ela estava cuidando de tudo. Eu me imaginava no palco vendo todos felizes em seus assentos e me sentindo livre sabendo que todos os elementos importantes e vários pormenores semelhantes estavam sendo cuidados. Nos meses seguintes, fiquei meditando por horas observando esse sentimento e recriando a experiência de ser amparada por Anette. Coloquei energia, imaginação e entusiasmo neste sentimento. Eu me deleitei nele, me rendi ao me sentir bem!

Poucos meses após iniciar essa prática, comecei a observar que as coisas mudaram drasticamente no meu negócio. Sem sequer perceber, cativei duas pessoas novas que precisavam de ajuda. Finalmente estava deixando meu marido assumir seu papel e comecei a delegar minhas responsabilidades para todo mundo. Em poucos meses, comecei a sair de cena para que outros entrassem. Isso foi um milagre! Sentir-me bem me levou para o que eu verdadeiramente queria. Finalmente pude me concentrar em ser uma mentora espiritual encorajadora — e mais importante, parei de sentir medo de ficar desamparada e acabei com a crença de que tinha que fazer tudo sozinha.

O SEGREDO PARA SE SENTIR BEM É DECIDIR PARAR DE SE SENTIR MAL

Para se sentir bem, você deve decidir parar de se sentir mal. É tão simples e autêntico assim. Não tem outro caminho. Por muito tempo, rejeitamos essa decisão por ficarmos esperando as circunstâncias da vida nos dar uma *razão* para nos sentirmos bem. De fato, muitos de nós sequer percebemos que se sentir mal é uma escolha nossa. Pensamos coisas como: "Eu me sentirei bem quando estiver com a saúde perfeita" ou "Eu me sentirei bem quando tiver com dinheiro no banco". Ao fazermos assim, priorizamos o resultado em detrimento do sentimento. Distorcemos tudo! Pensamos que devemos viver no medo para conseguir o que desejamos, o que nos permitirá então nos sentirmos bem. Mas o fato é que uma vez que você se sinta bem, começa a atrair facilmente o que deseja! Quando priorizamos nos sentir bem, tudo mais pode fluir.

Muitas pessoas ficam presas à crença restritiva de que não merecem se sentir bem e ter o que desejam. O esforço se torna um hábito e a alegria, uma reflexão tardia. Estou pedindo a você para ver as coisas totalmente diferente. Se você pensa que não merece se sentir bem, então está dessintonizado da verdade de quem você é. A energia do amor Universal, a magnificência de Deus, a serenidade do espírito, tudo está dentro de nós. Não existe uma fonte fora de nós que possa nos salvar do senso de desmerecimento. Quando verdadeiramente aceitamos que incorporamos o poder do amor, então podemos começar a sintonizar com a crença de que merecemos nos sentir bem. Sentir-se bem é sentir Deus. Isso significa que quando nos sentimos bem, nos lembramos que Deus está dentro de nós. Aceitar nossa grandeza é o segredo para ser uma Superatração. Deixe esses métodos ajudarem você a se certificar de que você é bom e que, ao incorporar essa verdade, coisas boas fluem para você naturalmente.

Sentir-se bem é bom por si só! Aprendi isso com Deepak Chopra em um evento em que era coorganizadora com ele e Eckhart Tolle em 2016. Entre meus afazeres de organizadora, fiquei nos bastidores ouvindo Deepak e Eckhart falarem sobre suas crenças espirituais. Num dado momento Deepak disse que quando você está feliz por uma *razão* específica, ainda está triste — porque essa razão pode ser tirada de você amanhã. Suas palavras me lembraram de que quando focamos aquilo que achamos que precisamos, enfraquecemos nossa fé no Universo.

Decidir se sentir bem é mais fácil do que você imagina! O Universo tem esperado pacientemente sua decisão de se sentir bem e essa decisão é fundamental nos momentos tenebrosos. O Universo nos guia mesmo quando o rejeitamos. No momento que liberamos nossa resistência, uma enxurrada de amparo e amor surge. É importante aceitar isso. Este não é um exercício de "finja até conseguir". *O Universo quer que você se sinta bem e quer direcioná-lo exatamente para o que você quer e precisa.* Lembre-se, você está conectado à energia do amor Universal e se sentir bem é seu direito inato.

Não acredita no que falo? Deixe-me mostrá-lo o Universo em ação. Pegue qualquer área da sua vida em que você está se esforçando e deseja se sentir bem. Preencha o espaço em branco na sentença abaixo.

Reconheço que não estou sintonizado com [nomeie alguém, uma situação, crença, etc.]. Escolhi priorizar e me sentir bem agora em detrimento do resultado. Obrigado, Universo, por me guiar.

Essa declaração é uma prece. Você está humildemente entregando seu medo para o Universo e reivindicando seu desejo de se sentir bem! Não podemos esperar que nossas condições mudem para nos sentirmos bem. Quanto mais emoções positivas você traz para as condições atuais, mais rápido as coisas funcionam do jeito que você quer e mais rápido se sente bem

O MÉTODO "PENSE PARA SENTIR"

O Método "Pense para Sentir" empresta um momento de felicidade em que você é capaz de identificar e aplicá-lo em uma situação na qual você está se empenhando. Para começar, imagine uma área da sua vida em que sua emoção esperada surja. Pode ser um acontecimento do seu passado ou até uma ideia que tenha do seu futuro. Você também pode pensar em alguém na sua vida que tenha essa característica que você gostaria de ter.

Darei um exemplo que ilustra esse método. Para mim, um dos meus maiores desejos e que estou me empenhando para conquistar é ficar mais relaxada mesmo quando as coisas não saem como planejado. Não tenho muitas experiências próprias em que tive que manter a calma em meio a algo que está dando errado, por isso é difícil lembrar de uma e saber como ela é. Mas quando penso em como quero me sentir, rapidinho me lembro da minha amiga Elisa. Sua postura é relaxada e calma mesmo nas circunstâncias mais caóticas. Posso imaginá-la dizendo: "Ok, vai ficar tudo bem." Ela volta para a sua postura convicta de que está tudo certo, não importa o que esteja acontecendo ao seu redor. Eu amo isso nela e quero incorporar isso em mim também. Portanto, embora eu ainda não consiga encontrar essa habilidade em mim mesma, sei o que parece e como é estar perto de alguém que a tenha. Elisa representa uma atitude que posso criativamente chamar de meu sentimento desejado.

A parte mais importante desse método é que as circunstâncias em que você escolhe se concentrar *fazem você se sentir bem*! Se pensar no seu primeiro namorado faz você sentir o romance que quer experimentar hoje, então pense nele, sinta-o! Se pensar no tempo quando você amava seu trabalho faz você se sentir confiante e feliz, então pense nele, sinta-o! É seguro relembrar boas recordações ou experiências. É seguro olhar para os outros e refletir de volta o que queremos ser. Não estamos comparando, mas em vez disso, buscando uma emoção positiva em uma situação em que sentir-se bem é difícil para nós. Normalmente, pensamos que se tivemos algo no passado, não podemos tê-lo novamente. Podemos ficar assustados em viver esses sentimentos bons por medo de sentir saudades do que já foi. Da mesma forma, evitamos pensar muito na abundância e felicidade de outras pessoas. Pensamos que não há o suficiente para todos e que o sucesso de outras pessoas, de certa forma, mostra o nosso fracasso. O oposto é verdade. Todas essas experiências refletem para nós uma parte de quem somos. Elas espelham nosso desejo por esse sentimento. Toda manifestação começa com o desejo.

AFIRME COMO VOCÊ QUER SE SENTIR

Agora que você tem uma ideia mais clara de como quer se sentir, está pronto para colocá-la em ação no seu dia a dia!

Afirme em seu diário como você quer se sentir. Lembre-se da minha afirmação: "Tudo está acontecendo ao meu redor, me sinto verdadeiramente amparada." Essas palavras fizeram-me sentir bem. Sua afirmação deve fazer você se sentir *bem*. Não se desculpe sobre o modo como você quer se sentir, afirme-o agora!

Escreva sua afirmação no diário.

Agora vamos checar como sua afirmação o faz se sentir. Em uma escala de zero a dez (sendo dez o melhor sentimento), onde essa afirmação se encaixa? Se você estiver abaixo de um sete, então recomendo reescrever sua afirmação de uma maneira mais simples. Você deve acreditar na sua afirmação para que ela funcione. Por exemplo, se você está lutando com sua imagem corporal e sua afirmação é: "Amo tudo em meu corpo", deve haver uma falta de conexão. No momento, sua energia está tão concentrada no que não gosta (ou até odeia) no seu corpo que fica difícil amar o seu corpo. Em vez disso, você pode afirmar algo que esteja mais próximo daquilo que você acredita. Algo do tipo: "Respeito meu corpo" ou "Estou disposta a amar meu corpo". O segredo é acreditar na afirmação mesmo que ela ainda não tenha se concretizado. Eu acreditava em minha afirmação mesmo quando ela era apenas Anette que a refletia de volta para mim. As palavras pareciam boas para mim, foi assim que eu soube que poderia usar a declaração para me ajudar de modo proativo a cocriar uma nova realidade.

Se você estava abaixo de sete em uma escala de zero a dez, reescreva sua afirmação em seu diário de modo que acredite nela e esta o faça se sentir bem.

Uma vez que confirmou sua afirmação, é hora de colocá-la em prática. Use-a como um alarme no seu telefone ou como tela de bloqueio no seu celular. Escreva-a em uma nota adesiva e cole-a na geladeira, no computador, no espelho ou no painel do carro. Sempre que perceber que está sob a influência dos pensamentos negativos, repita sua afirmação algumas vezes seguidas para mudar a baixa vibração do momento. Essa é uma ação poderosa! Sua afirmação pode diminuir o impulso negativo na sua mente e permitir rapidamente que você sintonize com a maneira como quer verdadeiramente se sentir.

O Método "Pense para Sentir", como qualquer outro método neste livro, é planejado para aumentar a sua vibração. Comprometa-se com sua afirmação e a leve a sério. Use-a com frequência. Se você tende a esquecer ou voltar a velhos padrões com facilidade, então certifique-se de seguir minhas dicas acima e reforçar sua afirmação com alarmes no celular, notas adesivas e outros lembretes visíveis. Torne-o um hábito e logo verá quão poderoso ele é.

EXPERIMENTE OS SENTIMENTOS

A próxima etapa ao assumir a energia de como você quer se sentir é desfrutar o fato de se sentir bem! Dedique dez minutos diários para meditar e se permitir experimentar os sentimentos de sua afirmação. Se você é novo em meditação, anime-se! Essa prática pode ser facilmente seguida até mesmo por iniciantes. Tudo que você precisa é um lugar calmo e confortável para se sentar. Apenas certifique-se de ficar relaxado e sentar em uma postura ereta, mas natural. Essa prática meditativa começa com um exercício de registro no diário, então tenha o seu do seu lado.

Assim que estiver sentado confortavelmente, abra seu diário e escreva sua nova afirmação de "sentir-se bem" no topo da página. Depois, por alguns minutos, escreva a respeito de como esse desejo faz você se sentir. Escreva apenas sobre os aspectos positivos desse desejo. Canalize sua escrita para ideias e visões que te fazem se sentir bem. Se qualquer outro pensamento ou outra ideia surgirem, rapidamente busque um sentimento melhor e escreva-o. Proativamente, busque uma visão positiva de seu desejo. Quando terminar de escrever, tire um momento para ler o que colocou no alto da página. Deixe suas palavras inspirá-lo e despertar emoções positivas.

Agora é hora de meditar nesses sentimentos positivos. Gentilmente, feche seus olhos e respire nos sentimentos de alta vibração que você cultivou durante esse exercício de escrita. Respire lenta e profundamente. Em cada inspiração, experimente mais profundamente o sentimento positivo.

Fique sentado quanto quiser, permita que as emoções positivas dominem sua mente. Se você tiver um pensamento negativo, apenas livre-se dele com sua afirmação.

Se visualizar-se no seu sentimento desejado parece difícil você pode, em vez disso, sentar por dez minutos e repetir silenciosamente sua afirmação. Deixe sua afirmação positiva substituir quaisquer sentimentos negativos que você possa ter. Se quiser minha ajuda com essa prática contemplativa, visite *GabbyBernstein.com/SuperAttractor* e baixe minha meditação guiada e música sugerida.

Essa meditação é um exercício ao assumir a energia de como você quer se sentir. Lembre-se, o Universo responde à sua energia! Ser uma Superatração requer que sintonizemos com a energia daquilo que queremos atrair. Essa etapa é crucial no processo de sintonização. Quando você está feliz sem qualquer motivo em particular, se torna um ímã para o que deseja! Quando você larga o controle sobre o resultado e se concentra em sentir-se bem, coisas boas chegam naturalmente até você. Você não depende mais de alguma coisa ou algum lugar para se sentir bem. Apenas se sente bem e aceita. Recomendo fortemente que você faça disso uma prática diária, de modo que mantenha a alta vibração na direção daquilo que você está pronto para receber.

ACEITE O FLUXO DE ORIENTAÇÃO UNIVERSAL

Logo que você começar a repetir sua afirmação e se concentrar em se sentir bem, começará a observar o Universo te amparando. Em um instante, o Universo pode destruir e reorganizar sua perspectiva. No momento em que você entrega seu medo para o Universo, o amor assume. Seu único trabalho é deixar o amor chegar. Receba e confie em cada sentimento de amparo e em cada momento de sincronicidade. Quanto mais você abraçar a maravilhosa orientação Universal, mais ela aparecerá em sua vida. O que você acredita, você entenderá. Escolha se concentrar na orientação, intuição e direção que chega. Sempre que afirmo emoções e pensamentos positivos, o Universo positivamente redireciona meu dia! Recebo possibilidades criativas para problemas que, de outra forma, não poderia resolver. Recebo intuições de como lidar com situações que antes me sobrecarregavam. Experimento uma sensação de paz e fé. Sentir-se bem nos sintoniza com o Universo. Essa sintonia nos proporciona saúde, lucidez, confiança, redução do estresse e da ansiedade. Quando nos sentimos bem somos o oposto do resistente. Somos receptivos.

FAÇA DO SENTIR-SE BEM UMA PRÁTICA

Para nos sentirmos bem de forma consistente, temos que fazer dele uma prática. É provável que você esteja acostumado a esperar que as circunstâncias externas ditem como você se sente. Todo esse livro é um processo para desaprender esse hábito! Quero ajudá-lo a acessar emoções positivas mesmo quando as coisas não estão funcionando como planejado. Dedique tempo a cada dia para, conscientemente, focar em sentir-se bem de modo que, com o tempo, ele se torne seu estado normal.

Além de repetir sua afirmação e meditar sobre bons sentimentos, sugiro a você fazer mais coisas que o deixam feliz. Ok, permito que você faça da diversão a sua prioridade número um! Isso não significa que você tenha que deixar seu emprego e ir viver em uma praia. Em vez disso, pense a respeito de todas as suas atividades diárias que te fazem feliz. Identifique as coisas que você faz e te trazem alegria, faça-as mais frequentemente.

Faça do sentir-se bem uma prioridade do mesmo jeito que você pode fazer do exercício ou da família uma prioridade. Se é totalmente novidade para você, ou suspeita de que vai voltar aos velhos hábitos em poucos dias, sugiro agendar essas atividades em seu calendário como se fosse uma reunião! Não se trata de transformar diversão em outra obrigação; é sobre transformá-la em uma prioridade. Se você sabe que precisa de algum arranjo para honrar essa prioridade, tudo bem! Com o tempo ela se tornará um hábito. Lembre-se de ser determinado e estar atento ao se sentir bem. Para ser franca, normalmente colocamos qualquer outra coisa antes do sentir-se bem. Muitos de nós não pensam muito sobre isso. Ou podemos até pensar que é virtuoso. (Se já sentiu um golpe de satisfação por estar mais ocupado e estressado do que seus amigos ou colegas de trabalho, você conhece esse sentimento!) Mas aqui está a verdade: quando colocamos qualquer outra coisa antes de nos sentirmos bem, estamos colocando-as antes de nossa conexão com o nosso poder de Superatração. O que quer que coloquemos antes, nossa conexão espiritual sofrerá muito. Você pode conseguir o que quer, mas *lutará* e se sentirá um lixo ao longo do caminho. Esse é um modo totalmente novo de ser. Sentir-se bem deve vir em primeiro lugar. Tudo o mais prosseguirá.

Agora você tem muitos métodos para sintonizar com emoções positivas.

- Evoque sua afirmação para mudar seus pensamentos.

- Medite para mudar sua energia.
- Faça algo que lhe traga alegria para sintonizar com o Universo.

Use esses métodos para fazer do sentir-se bem sua maior prioridade.

Quero enfatizar um ponto importante: não tenha medo de se sentir bem quando as coisas não dão certo. Quando as coisas não saem do nosso jeito, nossa reação imediata é ficar na negatividade. Não podemos sequer imaginar se sentir bem no meio de algo que está dando errado. Mas sentir-se bem é o meio mais rápido de sair do que está errado. Experimente você mesmo da próxima vez que algo não der certo. Faça algo para se sentir bem, rápido. Ouça sua meditação guiada favorita. Ligue para um amigo que faz você rir sempre. Dê uma volta. Permita-se sentir felicidade mesmo em meio a tempos turbulentos. Essa alegria será seu guia para sair da experiência negativa. É totalmente legítimo se sentir incomodado, mas não tenha medo de equilibrar o incômodo com a alegria. As emoções positivas sintonizarão você com o Universo e ele será seu guia. Faça do sentir-se bem uma prioridade e você será guiado.

PERMITA-SE SENTIR BEM

É fácil negar a si mesmo emoções positivas. Talvez minha história de excesso de trabalho ecoe em você e você tenha certeza de que o sucesso exige esforço. Talvez pense que a única maneira de estar seguro seja controlar tudo. Talvez se sinta derrotado pelo mundo do flerte. Ou talvez simplesmente não acredite que é digno de sentir-se bem. Tenho muita compaixão por onde quer que você esteja nesse momento. O mundo em que crescemos confiando nos ensinou a lutar. Diariamente somos bombardeados por más notícias, motivos para nos compararmos com os outros e uma obsessão pelas coisas negativas. Muitos de nós temos questões internas de luta como problemas de saúde e traumas passados que podem atrapalhar o modo de se sentir bem.

Mas é hora de mudar esse padrão. Afrouxe o controle da sua vida, sinta-se livre nessas práticas e não se julgue por liberar o controle. Permitir-se sentir bem é uma mudança de percepção. Pode demandar prática e repetição, mas ao comprometer-se em se sentir bem, sua vida mudará de maneira milagrosa. Você pode ter que se lembrar com frequência que é tranquilo se sentir bem. Mesmo agora, enquanto escrevo esse livro, estou num processo de me permitir desacelerar e cuidar melhor de mim mesma, ainda que signifique dizer não para oportunidades pessoais ou de negócios. Minha intenção é me sentir bem antes de qualquer outra coisa. E se isso significa que tenho que dizer não, então direi. Esse padrão novo é incômodo para mim porque passei décadas trabalhando em excesso e me superando. Porém a cada dia que passa, me sinto mais e mais confortável com o meu novo "normal". Começo a aceitar que, quanto menos faço, mais progredirei — porque quanto menos faço, melhor me sinto e levo esse sentimento bom para os projetos que assumo. Às vezes me pego tentando voltar aos velhos hábitos, mas isso não me tira do rumo. Nessas horas, eu volto para a minha afirmação. Meu compromisso em me sentir bem é mais forte do que a atração pelos velhos hábitos. Quanto mais tempo dedico a me sentir bem, mais fácil se torna a minha vida. A cada dia me permito sentir bem acima de tudo, a recompensa é milagrosa! Sinto-me amparada, tenho tempo e cabeça para ser criativa, minha família e meus negócios estão prosperando.

CUIDADO COM SUAS PALAVRAS E COM AS DOS OUTROS

É muito importante reconhecer o poder de suas palavras. Simples palavras podem direcioná-lo ao caminho certo ou derrubá-lo numa espiral de medo que te tira de sintonia. Por exemplo: enquanto estava escrevendo esse livro, as coisas ficaram muito caóticas em meu negócio. Estávamos crescendo muito rápido e precisávamos desesperadamente contratar mais pessoas. Minha equipe estava com tudo sob controle, mas se sentindo sobrecarregada. Sem me dar conta, o mantra da empresa se tornou: "Tem tanta coisa acontecendo e não estamos dando conta!" Esse mantra começou comigo. A cada ligação me preocuparia que todos estivessem muito ocupados, ou falaríamos sobre quanto de trabalho tínhamos a fazer. Minhas palavras começaram a contaminar a equipe. Durante semanas, tudo que ouvi todos dizerem era: "Simplesmente não tenho tempo para fazer tudo. Estou muito sobrecarregado." Então comecei a perceber como a resistência deles estava me afastando das boas vibrações que estou acostumada a transmitir. O que resultou em baixa de energia, um mantra negativo e moral baixa. Então em uma tarde, enquanto estava trabalhando neste capítulo, tive o meu maior momento “eureca”! Eu estava exatamente nesse ponto do capítulo, em que falo sobre o poder das palavras, quando gritei: “Caramba, não acredito que estou fazendo isso!” Em questão de minutos agendei uma videoconferência com minha equipe. Expliquei como minha urgência e minhas palavras os angustiavam e gentilmente mostrei para eles como absorveram o que eu tinha colocado para fora. Pedi a todos que mudássemos o diálogo sobre o que estava acontecendo. Usei o Método “Escolha Novamente” em tempo real e comecei a buscar os pensamentos positivos. Disse coisas como: “Somos abençoados. Temos uma mensagem que está se espalhando rapidamente e estamos progredindo rápido. Estamos em uma posição ótima. Estou confiante de nossa habilidade em conseguir apoio adicional. Fazemos o que amamos e nos sentimos realizados todos os dias. O Universo aumenta o tempo para nós quando escolhemos nos divertir ao longo do caminho." Depois desse redirecionamento, percebi que a energia da equipe mudou. Estavam animados, tinham um baita sorriso no rosto e demonstravam uma sensação de alívio. Escolhemos as palavras erradas para descrever as circunstâncias e estávamos todos prontos para escolher novamente! Com nosso novo discurso, começamos a nos mover com poder, entusiasmo e uma energia de Superatração.

Como essa história mostra, é importante estar consciente de como suas palavras podem afetar outras pessoas. Ao mentir, reclamar, julgar ou detonar alguém, você enfraquece sua sintonia com o Universo. Esteja consciente de suas palavras mesmo quando você acredita que o que está dizendo é útil, porque o que você diz pode ser desastroso.

Quando você está sintonizando com sua conexão de Superatração também é importante proteger sua própria energia das palavras dos outros. Por exemplo: enquanto estava passando pelo processo de fertilização, expus muito minha vida pessoal publicamente sobre minha tentativa de engravidar. No meu livro *O Universo Está Consigo*, escrevi a respeito de como o meu processo de fertilização foi meu maior professor em rendição. Sabia que minha exposição estava ajudando mulheres que estavam passando pelo mesmo que eu. Me senti empoderada por escrever e falar publicamente sobre a minha experiência. Compartilhar desse modo encorajou muitas mulheres a me contarem suas histórias. Recebi e-mails, mensagens e mensagens de redes sociais de mulheres do mundo todo querendo compartilhar seus milagres e suas lutas. Embora me sentisse muito grata pela sua exposição, também me senti para baixo. Muitas mulheres me enviaram por e-mail suas histórias de dificuldades e mágoas. Ao longo dos anos como mentora espiritual, acolhi as histórias das pessoas e as encarei com profunda compaixão. Porém, dessa vez, tudo estava muito perto de mim. Comecei a sentir minha fé e meu entusiasmo diminuírem. Comecei a me preocupar com algumas das histórias que ouvi e projetá-las em mim mesma. Me conscientizei de como as palavras das outras pessoas estavam me afetando. Assim que percebi que não estava me sentindo bem, decidi mudar. Comecei a mudar o modo como digeria essas informações. Quando alguém compartilhava uma história negativa de fertilidade comigo, imediatamente eu ajudaria a guiá-la para um lugar melhor. Ou se recebesse um e-mail que sugerisse resistência ao processo de fertilização, eu faria uma prece por essa pessoa e gentilmente me lembraria de que aquela não era a minha história. Fiz tudo que podia para proteger meus momentos bons.

Depois de meses me esquivando de histórias negativas e me comprometendo em me sentir bem, algo interessante aconteceu.

Observei que não recebi mais mensagens ou comentários negativos. Era como se eu estivesse imune a elas. Meu compromisso em me sentir bem mandou uma mensagem para o Universo de que eu não combinava mais com histórias negativas de fertilização. Eu não só não estava mais ouvindo histórias negativas, como também estava atraindo muitas histórias felizes. Toda mulher que ouvi falar veio até mim com histórias milagrosas de fertilização. Foi impressionante ver como meu compromisso de me sentir bem me transformou em uma Superatração para histórias que apoiariam minha intenção.

Quando você começa a praticar o sentir-se bem, observará muita resistência do mundo exterior. Não culpe os outros por sua resistência. Eles estão simplesmente refletindo de volta sua própria resistência remanescente. Use esses momentos como oportunidades para se render ao sentir-se bem. Você não pode controlar o que as pessoas dizem ou fazem, mas pode controlar como escolher percebê-lo. Pratique protegendo suas emoções positivas a qualquer custo. A escuridão não pode coexistir em sua luz, então continue iluminando! Em certos cenários, você pode precisar redirecionar conversas, parar de seguir pessoas nas redes sociais ou mesmo deixar a sala. Seja gentil e agradável com os outros enquanto cria limites evidentes que protegem suas emoções positivas. Você pode escolher como percebe seu mundo. Você é o sonhador do seu sonho.

NÃO SABOTE O FLUXO DO SENTIR-SE BEM

Ao longo de minha carreira conheci milhares de pessoas que transformaram suas vidas adotando uma prática espiritual. Elas compartilharam suas histórias de como logo que mudaram seus pensamentos e sua energia, começaram a atrair o que queriam para as suas vidas. Assim que mudaram seu ponto de atração, tornaram-se Superatrações para o que verdadeiramente desejavam. Entretanto, muitas das mesmas pessoas me disseram que, assim que começaram a sentir melhor e começaram a atrair o que queriam, do nada uma voz temerosa começou a questionar: “Isso é muito bom para ser verdade?" A voz do medo começou a sabotar suas emoções positivas. Sua fé no medo dominou e voltaram aos velhos hábitos de pensamentos negativos e atração baseada no medo.

Quero relembrar isso agora para que você se analise constantemente. Se você adotar cada método deste livro, sentirá mudanças milagrosas e experimentará resultados surpreendentes. Isso não é um exagero. No instante em que você sintoniza com emoções positivas seu poder de Superatração começa a se estabelecer. Porém, tão rápido que quando o seu poder é ativado, o medo pode aparecer e bloqueá-lo. Então vamos testá-lo agora. Seu medo vai fazer de tudo para sabotar seu poder de Superatração. Mas não tema seu medo. Apenas conscientize-se dele. Quando ele tentar tirá-lo de sintonia, volte para o Método “Escolha Novamente” do Capítulo 1 para permanecer no fluxo do sentir-se bem.

Veja como usar o Método “Escolha Novamente” ao perceber o medo sabotando seu fluxo:

1. **Observe o medo.**

Observe quando seus pensamentos de medo começarem a sabotar seu fluxo positivo e se pergunte: “Como me sinto agora?" Permita-se sentir o que quer que esteja chegando para você.

2. **Perdoe o pensamento.**

Perdoe-se por temer o sentir-se bem. Diga em voz alta ou silenciosamente: "Perdoo esse pensamento e escolho acreditar no amor em vez disso." Então comemore seu desejo de voltar a se sentir bem!

3. **Escolha novamente.**

Responda essa pergunta: "Qual é o melhor pensamento que posso ter agora?" Então agradeça ao Universo por guiá-lo na direção desse pensamento.

Use seu Método “Escolha Novamente” para voltar rápido e dizer não para a autossabotagem. Tornar-se uma Superatração demandará a repetição frequente de um novo comportamento positivo. Está na hora de fazer do sentir-se bem um bom hábito! (Tem mais disso esperando por você. Nos próximos capítulos, te ensinarei um método verdadeiramente poderoso para pensar no melhor caminho para se sentir bem.)

FIQUE SATISFEITO COM O QUE É

Você pode encontrar grande alívio nesses métodos e perceber mudanças imediatas. Porém, pode haver também algumas áreas da sua vida que demorem um pouco mais para mudar. Não faz mal. O objetivo não é mudar sua vida toda da noite para o dia. O objetivo é se divertir ao longo do caminho daquilo que você deseja! Abraham-Hicks diz:

> O motivo de você querer cada coisinha que quer, é porque pensa que se sentirá verdadeiramente bem quando consegui-la. Mas se não se sente bem no caminho para alcançá-la, você não a terá. Você precisa estar satisfeito com o que é enquanto está buscando por mais.

Sua satisfação com o que é, o permite ser feliz e tranquilo independentemente se você tem exatamente aquilo que pensa que precisa. Então apenas esqueça o que você pensa que precisa e concentre-se em sentir-se bem! Sentir-se bem vai lhe dar muito mais do que você pensou que precisava. Libertará você da necessidade de obter algo, de estar em algum lugar, ou ter determinadas condições para ser feliz. A felicidade se tornará o resultado de seu maior desejo.

Siga as práticas deste capítulo. Elas o prepararão para a manifestação do que está por vir, porque para atrair tudo o que é bom, você deve primeiro acreditar que merece se sentir bem. Os métodos que você aprendeu até agora o ajudarão a acolher dignidade e felicidade e prepará-lo para reivindicar tudo que você atrairá.

Aproveite a prática de se sentir bem. Como eu disse, toda essa ideia pode ser realmente nova para você e seu ego provavelmente resiste a ela. Então é isso que exploraremos no Capítulo 3. Você gastou muito tempo e muita energia se sentindo mal e bloqueando seu poder de Superatração comparando-se com os outros e investindo na ilusão da falta. Vou encarar esses obstáculos no próximo capítulo. Darei a você métodos para chutar a comparação, a competição, o ciúme e a superação das expectativas. Mostrarei como chamar abundância com mudanças de mentalidade que funcionam rápido.

CAPÍTULO 3

HÁ MAIS DO QUE O SUFICIENTE PARA TODOS

Durante muito tempo, liderei um curso chamado *Spirit Junkie Masterclass*. Esse curso ajuda pessoas espiritualizadas a ganharem confiança e ferramentas de construção de negócios para inspirar outras fazendo o que as inspiram. Ele atrai pessoas de todas as profissões e formações. Conheci advogados, iogues, *coaches*, terapeutas, enfermeiras, maquiadores e muito mais. Essas pessoas vêm de diferentes lugares do mundo e estão em fases distintas em suas carreiras e vidas. Mas todos começam o curso com um mesmo desejo em comum: impactar o mundo e ser produtivo ao fazê-lo. Treinei milhares de pessoas com meus métodos e vi transformações radicais.

Meus alunos começam sua jornada *Spirit Junkie Masterclass* entusiasmados, inspirados e animados para assumir seu poder. Porém, percebi alguns tipos de medos e algum tipo de resistência no início do curso. Muitos alunos não se sentem bons o bastante ou não têm os recursos suficientes para fazer o trabalho importante que desejam executar. Outros não se sentem qualificados ou não têm tempo, nem dinheiro ou apoio que julgam necessário. Outros ainda temem que suas ideias sejam roubadas. Eles dizem coisas como: "Ela já fez isso, então como posso?" Muitos alunos chegam com o mantra: "Quem sou eu para fazer isso?". Ex-alunos da Masterclass lendo esse livro provavelmente estão balançando a cabeça em reconhecimento! Expor seu sonho requer coragem e pode ser muito assustador.

Essa mentalidade de medo surge em todos nós, principalmente quando estamos no começo de algo grandioso. Medo de não ter o suficiente e medo de não ser o suficiente são os maiores obstáculos para nosso poder de Superatração. Muitas pessoas sofrem de carência, sentimento que está arraigado nelas desde a infância. Ou constantemente se comparam com as outras e veem tudo como uma competição. Fui vítima desses pensamentos e comportamentos, tenho certeza de que você também. Esses tipos de medos são fáceis de sucumbir.

A comparação é uma emoção especialmente difícil de transitar. Muitos de nós sabemos que não é benéfico nos compararmos aos outros. Mas o que muitos de nós não sabemos é que comparar é, de fato, uma forma de julgamento, e julgar enfraquece nosso poder de atração. Não importa se estamos julgando alguém porque o vimos de um modo negativo ou porque ele tem alguma coisa que podemos querer. Não importa se o estamos colocando num pedestal ou admirando o que consideramos ser sua superioridade. O fato de estarmos julgando quer dizer que estamos inconscientemente dizendo para o Universo que *não* queremos o que ele tem.

Isso pode parecer totalmente um contrassenso. Porém quando você inveja o que alguém tem ou quando vê alguém que de certo modo é melhor do que você por causa do que tem, você baixa sua vibração energética. Esses sentimentos de comparação e julgamento nos fazem vibrar em baixa frequência, repelindo a mesma coisa que queremos.

O medo, a falta e a comparação que observei nos alunos no meu curso *Spirit Junkie Masterclass* são coisas que levei muito a sério. Reconheci esses obstáculos parecidos com os que também lutei e procurei meios de tirá-los da minha vida. Então adequei o curso para focar mais a confiança e sintonia com o Universo. Para que meus alunos adotassem os meios mais importantes e significativos que desejavam, eles tinham que se libertar das crenças que os mantinham com a vibração baixa. Comecei ajudando-os a entender como a falta e a comparação estavam bloqueando seu poder de Superatração.

Aqui estão os sete obstáculos que identifiquei em meus alunos. Todos temos esses obstáculos, eles surgem sorrateiramente. Pode haver alguns com os quais você se identifica imediatamente e outros que você ignora. Essa é uma oportunidade para ser honesto consigo mesmo. Não podemos aproveitar nosso poder de atração até saber como bloqueá-lo. Fazer um inventário confiável das maneiras que bloqueamos nosso poder de Superatração nos cientificará de como voltar para ele. Não tema esses obstáculos, eles são comuns e a maioria de nós não tem conhecimento deles. Nossa consciência é o que cura os velhos hábitos que nos impedem de sermos Superatração.

OBSTÁCULO #1: ACREDITAR NA FALTA

Se você admite não ser o suficiente ou não ter o suficiente, perde muito tempo e energia tentando provar para o mundo que é o suficiente. Todo esse esforço bloqueia o fluxo do Universo. Quando gastamos energia tentando provar nós mesmos para o mundo, esquecemos de nos sentir bem — porque estamos tentando muito para nos sentirmos *bons o suficiente*. As tentativas constantes de se sentir *bom o suficiente* resultam em energia baixa. Esse nível baixo de energia repele as coisas que você quer. Ele repele: a ajuda de outras pessoas, as suas ideias criativas e a inspiração do Universo. O tempo e a energia que você investe tentando provar seu valor se tornam parte do porquê você não recebe o que deseja. Todo o seu esforço para ser visto o mantém na sombra, negando a luz de quem você é de verdade. A ótima notícia é que existe uma saída para essa mentalidade de falta, uma saída para o nível baixo de energia e uma saída da obscuridade.

OBSTÁCULO #2: PENSAR QUE NÃO HÁ O SUFICIENTE PARA TODOS

A ideia de que não há o suficiente para todos é um medo generalizado. Nesse estado de medo, nos esforçamos para conseguir o que queremos, nos orgulhamos da nossa conduta perfeccionista. Acreditamos que temos que conseguir tudo o que pudermos antes que alguém mais consiga. Imaginamos uma situação de soma zero na qual há o suficiente para todos. Essa mentalidade, enquanto nos estimula a agir, pode igualmente nos paralisar. Muitas pessoas não vão atrás de seus desejos com medo de uma possível decepção. Quando você acredita que há um limite para abundância e alegria, você pode tentar evitar no geral. Porém, quando passamos de um mundo de carência para um de abundância, podemos lembrar que *há mais do que o suficiente para todos*. Quando você se aproxima do mundo como uma realidade vibracional em vez de um espaço físico, aí é que seus desejos se tornam reais. Quando você consegue acessar a energia da abundância e tem fé que o Universo sempre ampara, começará a sentir seu desejo se concretizar antes de ele surgir no mundo físico. Não podemos estar com um pé no mundo da carência e o outro no da abundância. Nosso trabalho é todo sobre sintonia. Quando você está sintonizado com o Universo, sabe que qualquer coisa é possível e a carência desaparece. Cada prática nesse livro o ajudará a sintonizar em uma frequência que o permite reconhecer toda abundância nos arredores. Quando você está sintonizado na energia da abundância, se torna próspero.

OBSTÁCULO #3: COMPARAR-SE COM OS OUTROS

Um grande obstáculo para nosso poder de Superatração é quando nos comparamos com os outros. Em algum momento, somos todos culpados por este comportamento e isso é compreensível. Tudo que temos que fazer é olhar um aplicativo de mídia social, que tem um bombardeio constante de oportunidades de comparação. Sua voz interior de medo gosta de usar a comparação para impedi-lo de reivindicar o que você deseja. Essa voz baseada no medo quer mantê-lo "seguro", arriscando pouco e minimizando a percepção de risco. Mas você perde seu poder de atração quando faz comparação. Seu poder de Superatração vem de como você se sente, de sua fé no amor e sua alegria. Quando você está comparando, seu foco não está em como você se sente, em sua fé no amor, nem na felicidade que você emana. Em vez disso, seu foco está naquilo que você tem ou não, em tudo que lhe falta e em tudo que acha que precisa para conquistar. Se o seu foco está no exterior, então constantemente vai se comparar com aqueles que parecem ter o que você quer.

Toda vez que você compara suas condições com as de outra pessoa, reforça o sentimento de inadequação. Esse sentimento é tão forte que atrai seu semelhante. Eis aqui um exemplo: imagine que você é o último em seu grupo de amigos a ficar noivo. Se você quer um relacionamento sério, comparar-se aos seus amigos noivos o fará se sentir péssimo. Esse sentimento não ajudará seu poder de atração. Em vez disso, ele fortalece o incentivo por trás do seu medo de ficar solteiro. A energia vai para onde a sua intenção flui, então quando estiver focado em todos os seus amigos tendo o que você quer, você acaba manifestando mais do que não quer. Lembre-se, seu poder de Superatração vem de como você se sente, de sua fé no amor e da alegria que você coloca nele.

OBSTÁCULO #4: A NECESSIDADE DE GANHAR À CUSTA DA DIVERSÃO

O Universo é um fluxo completo de abundância e há o suficiente para todos. Quando nos tornamos competitivos, cortamos o fluxo da abundância. O medo da perda ou a necessidade de ganhar é outra forma de falta que implica escassez. Muitas pessoas se orgulham de sua natureza competitiva, mas esta pode criar resistência. Elas tornam sua felicidade e seu senso de sucesso dependentes do "ganhar". Mesmo quando ele vem de uma "competição saudável", uma mudança na percepção pode ser muito valiosa. Embora algumas pessoas possam se dar bem nos esportes ou negócios por conta de sua natureza competitiva, desafio-o a considerar essa nova ideia. E se você mudasse seu foco da necessidade de vencer e o medo de perder para a diversão que a atividade traz? Essa simples mudança o deixará num estado de alegria no qual inevitavelmente traz muito mais sucesso.

Nos últimos seis anos, participei de uma competição anual e, nos dois últimos, fiquei no topo do ranking com tranquilidade e graça. No ano passado, logo depois dos resultados saírem, recebi uma ligação da mulher que ficou em segundo lugar na competição. Brincando, disse: "Gabby, te amo, mas ainda não me conformei com o segundo lugar! Sou muito competitiva." Eu disse para ela: "A razão de eu ter ficado em primeiro é porque eu não estava competindo." Embora seja maravilhoso terminar em primeiro ou ganhar um grande prêmio, não era o meu foco principal. Posso dizer honestamente que o motivo de eu ganhar foi porque minha energia estava em me divertir e era o foco na competição, não estava preocupada com o resultado. Eu não era um gênio estratégico. Apenas curti o processo. Compartilho isso porque quero enfatizar que é seguro sonhar grande e não se preocupar com os resultados! Na verdade, no momento em que não focamos nos resultados, deixamos o Universo nos amparar. A gente segue e aceita.

Mas competir à custa da diversão é o oposto de deixar seguir. Se você precisa ganhar para se sentir bem ou ser bem-sucedido, então a competição só gera separação, julgamento, ataques, conflitos internos e uma crença na falta. Quando a sua felicidade depende de um escore, você manda uma mensagem para o Universo de que precisa ser "melhor" do que alguém para se sentir bem o suficiente. Essa energia nunca é compatível. Não estou dizendo para desistir de todas as atividades competitivas. Muitas pessoas obtêm muito prazer, alegria, satisfação, crescimento pessoal e vínculo interpessoal de atividades competitivas. O que é importante é a sua resposta a essa pergunta: "Como a competição te faz se sentir?". Se o medo de perder paira eternamente na sua mente e você se sente feliz só quando ganha — e essa felicidade desaparece enquanto você se prepara para a próxima competição — a competição gera um obstáculo para o seu poder de Superatração. Não seria ótimo se você conseguisse vencer com graça e tranquilidade? Quando você redireciona sua energia competitiva, pode se divertir não importa o resultado.

OBSTÁCULO #5: TEMER REJEIÇÃO

Testemunhei muitas pessoas negarem seus sonhos por medo de rejeição. A ideia de ser rejeitado pode ser paralisante. Muitos de nós veem a rejeição como uma forma de humilhação ou falha. No entanto, há outra maneira de vê-la. Aprendi a ver a rejeição como um tipo de proteção. Acredito que quando as coisas não saem como planejei, é porque há algo muito melhor reservado para mim.

Aqui está um exemplo da minha vida profissional: fui apresentada ao que parecia uma oportunidade fantástica. Eu estava realmente empolgada enquanto estudávamos um projeto interessante. Porém os advogados estavam demorando muito tempo na negociação dos detalhes do contrato. Novas versões eram constantemente rascunhadas, mas nenhuma delas parecia incorporar nossas ideias ou necessidades. Seis meses de negociações se passaram e, de muitas maneiras, senti como se estivéssemos retrocedendo! Frustrada pela situação, decidi me abrir para ver as coisas de modo diferente. Em vez de tentar fazer algo que parecia errado funcionar, escolhi ver a situação como orientação do Universo. Quando recuei, ficou óbvio para mim que a questão não eram os detalhes do acordo; havia uma falta de entendimento primordial quanto ao que cada lado queria. Toda a resistência que encontramos ao longo do caminho não foi rejeição; foi orientação. Fomos guiados a não fechar o acordo. Dois anos depois olhamos para essa oferta e comemoramos como ela caiu por terra! Sou grata pelos advogados que se interpuseram no caminho e sabemos que o Universo estava apenas nos orientando na direção certa.

Encorajo-o a se abrir para a ideia de que rejeição é proteção. Escolher essa perspectiva lhe ajudará a desfazer seu medo de rejeição. Se você escolhe ver rejeição como orientação, então o que há para temer? Se foi rejeitado por alguém que pediu em namoro, é porque alguém melhor está a caminho. Se a oferta que você faz numa casa não for aceita, é porque essa casa não era para você. Se chegar na última etapa de entrevistas para seu emprego dos sonhos e outra pessoa consegue o trabalho, adivinha? Não era o emprego dos seus sonhos.

Aceitar a rejeição como orientação te dá outra oportunidade de seguir o fluxo do Universo e fortalece a sua fé em um plano melhor do que o seu. Mais importante, você não temerá mais a rejeição. Liberar esse medo lhe dará liberdade para sonhar grande, agir de forma destemida e deixar a vida guiá-lo. Siga a orientação que você recebe, mesmo quando ela parecer rejeição. Você ficará surpreso. Rejeição pode ser a melhor orientação de todas.

OBSTÁCULO #6: TER UMA MENTALIDADE DE MAIS NECESSIDADE

Depois de alcançar um objetivo, você já se sentiu como se tivesse que passar imediatamente para o próximo? Não se sentindo realizado no momento da conquista, você continua buscando o próximo objetivo? A mentalidade de mais necessidade é outro tipo de falta. Ela sugere que você pode estar procurando algo fora de si para se sentir completo, em vez de confiar em sua completude imediata. A busca exterior pelo sucesso, pela realização e aprovação é um padrão viciante que nos deixa fora de sintonia com o Universo.

Bloqueamos o amparo do Universo quando o nosso foco está em uma conquista futura. Os altos e baixos de precisar mais podem ser realmente deprimentes. Você atinge o ápice quando consegue algo, mas a agitação da conquista é curta e rapidamente substituída pelo medo de falhar na busca pelo próximo objetivo.

Vivi com a mentalidade de mais necessidade por décadas. Conquistaria um objetivo apenas para imediatamente ficar obcecada pelo próximo. Meu marido ficava preocupado que eu nunca arrumava tempo para comemorar meu sucesso ou estar realmente presente no momento. Eu conquistava porque acreditava em mim mesma, mas não aproveitava a jornada. Deixe-me fazer uma pausa por um momento, porque é importante frisar isso. Se você acredita na sua capacidade de conseguir seus desejos, então eles se concretizarão. Confiar na sua habilidade é importante, mas está *longe* de ser a coisa mais importante. Se você não está se divertindo nesse processo, qual é o sentido? No fim das contas, viver com a mentalidade de mais necessidade o impede de atingir todo o seu potencial. Marianne Williamson sempre compartilha essa mensagem, inspirada por *Um Curso em Milagres*.

> As pessoas que alcançaram o máximo na terra alcançaram uma fração do que a maioria de nós somos capazes. O que quer que você tenha feito, seja grande ou pequeno, é MINÚSCULO se comparado com o potencial que ainda tem dentro de você.

Bloqueamos nossas verdadeiras conquistas quando não aproveitamos a jornada. Quando parei de viver de conquista em conquista e comecei a focar a diversão ao longo do caminho, minha vida ficou ótima! Comecei a me sentir mais conectada com meus amigos, meu marido e trabalho. Eu estava mais presente e a vida começou a fluir. Relaxei e me permiti comemorar os momentos milagrosos. Quando abandonei a mentalidade de mais necessidade, alcancei MUITO MAIS do que pensei que fosse possível! Quando aproveitamos o momento e deixamos o Universo fluir por nós, somos orientados a criar o que Deus pretendia em vez do que pensamos que precisamos.

OBSTÁCULO #7: O MEDO DE SER JULGADO

Outro grande obstáculo ao nosso poder de Superatração é a importância naquilo que os outros pensam. Tenho visto esse bloqueio se manifestar em muitos de meus amigos e alunos. Meus alunos têm o grande sonho de compartilhar seu trabalho espiritual com o mundo. Eles se veem escrevendo livros, palestrando e espalhando lições de empoderamento à sua maneira. Mas o medo de serem julgados os impede. Eles me contam que sua família e amigos não acreditam em sua trajetória profissional ou seus sonhos. Minha resposta é: "A única razão deles não acreditarem nestes é porque você ainda não acredita." Eu os ajudo a enxergar como a mentalidade deles da falta e a descrença estão sendo refletidas de volta para eles pelos outros. Nossas vibrações atraem nossa tribo. Incorporar uma energia de falta e auto-julgamento manda uma mensagem para os outros de que não nos sentimos bons o suficiente ou merecedores do que desejamos. Essa energia pode ser sentida a milhas de distância. As pessoas em nossa vida (principalmente aquelas mais próximas de nós) podem ser grandes instrutores espirituais, porque refletem de volta para nós a energia que jogamos fora. Seu julgamento sobre nós é um reflexo do que sentimos sobre nós mesmos, se consciente ou inconscientemente. Porém, quando voltamos para a nossa fé e acreditamos em nossos desejos, então o mundo pode acreditar em nós também. E ainda que todos não legitimem seus desejos completamente, sua fé será o suficiente para atenuar seu julgamento e mudar sua energia. Talvez eles parem de rejeitar sua percepção, ou diminuam o julgamento que fazem de você. Quando você liberar sua resistência, será liberado pelos outros. Reconheça que o julgamento de outras pessoas revelam as situações em que você não tem fé. Cada experiência e encontro lhe oferece orientação para curar a resistência prolongada que o impede de ser uma Superatração. Portanto, em vez de culpar os outros por rejeitarem seus sonhos, agradeça-os por te mostrarem uma grande oportunidade de crescimento e cura.

Falta, dúvida, comparação e insegurança atrapalham a atração de nossos desejos. Mas existe um caminho por entre cada um desses obstáculos. Agora que você tem um ótimo conhecimento de cada obstáculo, vou detalhar os métodos para a mudança. Essa é a melhor parte, estou animada para compartilhar esses métodos com você. Testemunhei inúmeras pessoas experimentando mudanças radicais ao segui-los. Experimente esses métodos e verá como rapidamente você pode mudar de uma energia de falta para uma de fé. Não tem mais por que você se rebaixar. O Universo tem grandes planos para você e está na hora de reivindicá-los.

O MÉTODO DA ABUNDÂNCIA UNIVERSAL

Proteja seus desejos para ficar sintonizado

Evite comparar seus desejos ou suas emoções com as dos outros. Atrair o que você deseja se trata de sintonizar com o Universo e assumir a energia de como você quer se sentir. Coloque seus sentimentos acima de tudo e respeite-os, mantendo-os por perto enquanto você está no processo de fortalecimento de sua fé.

Uma maneira de proteger seus desejos é criar limites afetuosos e explícitos com qualquer um que os rejeite. Não é incomum encontrar pessoas na sua vida que tenham uma noção pré-concebida de quem eles pensam que você deve ser ou que talvez costumava ser. Essas projeções de outras pessoas podem fazê-lo se dessintonizar do Universo. Quando você vir seus desejos contestados pelos outros, responda criando limites compassivos. As pessoas ao seu redor nem precisam saber que você está criando esses limites e se você os fez com amor. Por exemplo: se você for questionado para falar sobre um desejo antes dele estar pronto para ser compartilhado, você pode gentilmente dizer: "Atualmente estou elaborando algumas ideias e projetos novos. Eles significam muito para mim, portanto não quero falar sobre eles até que estejam totalmente desenvolvidos." Ou você pode pedir que certos tópicos sejam evitados completamente. Por exemplo, quando estava tentando engravidar, tive que pedir amorosamente para minha mãe não interferir. Disse a ela, gentilmente, que suas ações estavam (sem querer) provocando um sentimento de frustração. Pedi a ela para falarmos sobre outros assuntos em vez disso. Por ter criado esse limite com amor, ela foi capaz de me ouvir e respeitar meu pedido. Desse modo, consegui proteger meu sonho e ficar conectada com o se sentir bem.

Em alguns casos, é impraticável criar limites afetuosos. Nessas situações, você pode conscientemente se desligar das pessoas que te colocam para baixo energeticamente. Por exemplo, se você está se curando de uma doença, não vá pesquisar na internet sobre histórias de outras pessoas com essa mesma doença. Se está tentando atrair mais dinheiro, limite seu tempo com aqueles amigos que constantemente falam sobre seus problemas financeiros. Se quer anunciar um novo parceiro, não se envolva com pessoas que estão sempre reclamando de seus dramas de relacionamento. Se está preparado para assumir um novo projeto que ama, não compartilhe-o com alguém que você sabe que é pessimista. Priorizei escolher amigos, membros de equipe e parceiros que acreditam na minha percepção. Não tem espaço na minha vida para qualquer um que atrapalhe meu fluxo. Proteja seus sonhos, não importa o que aconteça.

Outro modo de proteger seus sentimentos e emoções é guardar suas ideias para si mesmo até que elas estejam totalmente desenvolvidas. Digamos que você está pronto para mudar de carreira ou está aberto para um novo relacionamento após um rompimento; embora, cheio de esperança, você se sinta empoderado e animado por esses desejos, eles ainda podem estar baseados em uma energia de falta ou trazer traumas de experiências passadas. Essa voz de medo pode ser mais alta do que a de amor no seu caminho. É por isso que sugiro cultivar seus desejos mantendo-os consigo mesmo até se sentir confiante e em sintonia. Se você compartilhar seus desejos de um lugar fora de sintonia, eles serão recebidos com resistência. Lembre-se, o Universo está pegando a energia que você jogou fora. Portanto, quando compartilhar seus desejos com uma energia de medo, as pessoas lhes responderão com mais medo. Compartilhar seus desejos de um lugar de medo ou incerteza enfraquecerá o seu poder de atração. Em vez disso, mantenha seus desejos por perto enquanto você ainda está fortalecendo sua fé.

Como você saberá quando estiver pronto para compartilhar suas percepções com o mundo? Você desenvolverá um forte senso de conexão e certeza em torno de seu desejo e é aí que saberá que está na hora de compartilhar. Assim, quando você apresentar suas ideias com convicção e crença, as pessoas à sua volta o apoiarão (mesmo aquelas que não o fizeram no passado). O Universo sempre te mandará de volta a energia que você emana. Abraham-Hicks diz:

> Esse é um universo de diversidade e diversidade significa abundância para todos e uma fonte de energia atenderá a todos. É só na sua mentalidade de escassez que existe uma quantidade finita de recursos na qual você está discutindo. Os recursos que você está buscando são infinitos, e sua capacidade para alcançar um desejo significa que o Universo tem a capacidade de entregá-lo a você, sem exceções.

Não há exceções. Mantenha-se sintonizado com amor e você receberá.

Concentre-se em dar em vez de receber

Tenho uma aluna incrível, chamada Stephanie. Ela passou pela minha masterclass e estava pronta para trabalhar. Para seu primeiro evento, ela queria organizar um workshop em sua biblioteca local baseado num treinamento que dei. Stephanie, diligentemente, criou um programa e aulas do curso. Para fazer a divulgação, ela fez panfletos, mandou e-mails e falou sobre o workshop no Facebook.

No dia do evento, ela apareceu na biblioteca pronta para arrasar e, em vez de haver um grupo grande de pessoas como ela imaginava, havia só uma mulher na sala. Ela ficou decepcionada e envergonhada, mas com uma pessoa lá, não podia simplesmente ir embora.

Indo até ela, Stephanie perguntou: "Oi, você veio para o meu workshop?"

A mulher respondeu: "Não... que workshop?"

Segurando as lágrimas, Stephanie disse: "É um workshop de seis encontros baseado no livro chamado *May Cause Miracles,* da minha professora Gabby Bernstein. Preparei um workshop incrível e ninguém apareceu — mas gostaria de verdade de compartilhá-lo com alguém."

A mulher disse: “Eu poderia, de fato, usar um milagre! Vamos a ele.”

Naquele momento, Stephanie se viu forçada a deixar a ideia de ensinar para um grande grupo de pessoas e, em vez disso, se concentrar em seu verdadeiro desejo, que é servir, ensinando a única mulher na sala. Eis aqui um ponto importante: no momento em que Stephanie fez o que a situação exigia em detrimento de seu ego, tudo se encaixou. Ela mudou de uma mentalidade de “ganhar” para uma de “doar” e apresentou um excelente workshop. Foi um momento milagroso em sua vida.

Stephanie podia ter adotado uma atitude compreensível, porém menos saudável para essa situação. No entanto, ela arrumou coragem para se concentrar no *conteúdo*, em vez da *forma* de sua experiência. Naquele momento, ela só se preocupou em compartilhar seu dom de ensinar. Mais tarde naquele dia, Stephanie me ligou para compartilhar sua história. Ela estava tão animada para me contar sobre viver seu propósito e estar na luz e alegria de servir que o tamanho do público foi apenas um mero detalhe em sua narrativa. Naquele dia, Stephanie mudou sua energia de uma maneira significativa abraçando o sentimento de confiança e orgulho. Essa energia continuou a impusioná-la como uma *coach* de sucesso, uma voz inspiradora online e um exemplo poderoso para você hoje!

Se você está preso no “modelo” de como acha que as coisas devem parecer, leve a história de Stephanie a sério. Redirecione seu foco do que você pode ganhar para como você pode doar. No momento em que fizer essa mudança, ocorrerá um milagre para você também. O Universo ampara imensamente sua energia de servir e está sempre abrindo portas para esse fim. Concentrar-se em servir o impedirá de julgar e comparar. Você se sentirá orgulhoso de seu compromisso! O modo mais rápido de sair da energia da falta é doar.

Pergunte-se diariamente: “Como posso servir?” Fazer essa pergunta o coloca em sintonia com o Universo. Lembro-me do Dr. Wayne Dyer dizendo: “Quando você se pergunta: ‘Como posso servir?' o Universo responde: 'Como posso servi-lo?'" Confie que quando você oferece uma energia de servir, o Universo a envia de volta para você dez vezes. Você se sentirá poderoso na presença do seu servir e esse poder é o que atrai.

Querer mais para os outros

Querer mais para os outros nos coloca em uma energia de abundância. Por quê? Porque é bom querer que os outros se sintam bem. A prática de desejar que os outros recebam aumenta a sua própria capacidade de receber e esse sentimento de abundância o ajudará a atrair mais do que quer na sua vida. Quando você quer sinceramente que os outros sejam prósperos, o Universo responderá da mesma forma.

No início da minha carreira, treinei mulheres jovens da minha idade. Muitas delas estavam desesperadas para encontrar o amor de suas vidas e ficar noivas. Elas se comparavam com todas as suas amigas no Facebook postando fotos do anel de noivado. Eu podia me identificar — eu era culpada da mesma coisa.

Eu sabia que não podia oferecer a elas preceitos espirituais que não aplicava na minha própria vida. Tive que descobrir uma solução por mim mesma antes que pudesse oferecer a elas com segurança. Então decidi mudar a história. Toda vez que eu via uma amiga postar sobre seu noivado, eu ficava feliz por ela. Afinal, nenhuma inveja me aproximaria do meu noivo. Então, em vez disso, deixei a visão de alegria de meus amigos me inspirar a me sentir animada pelo meu próprio noivado. Comecei a comemorar os relacionamentos à minha volta. Quando eu via casais de mãos dadas na rua, deixava o amor deles me inspirar. Escolhi conscientemente perceber relacionamentos amorosos como uma parte da minha jornada de manifestação. Em vez de escolher ver o amor deles como um lembrete de que eu *não tinha*, escolhi vê-lo como um lembrete do que eu estava criando. Quando você vir os outros que têm o que você quer, comemore! Deixe o sucesso deles refletir em você o que você está pronto para receber.

Querer mais para os outros requer que liberemos o obstáculo da comparação. Quando nos comparamos com os outros, caímos na mentalidade da falta e no sentimento de que não há amor o suficiente no Universo para amparar a nós todos. Anos depois esclareci esse obstáculo referente a relacionamentos, quando topei com um desses tentando engravidar. Se você está nessa jornada de tentar engravidar, proteja seu poder de atrair não comparando sua tentativa com as de outras ou julgando suas amigas que parecem não ter problemas para conceber. Sei que pode parecer impossível quando você está no máximo do esforço. Mas prometo que vai tirá-la dele.

Tentei engravidar durante três anos. Nos dois primeiros, enquanto lutava com minhas emoções, ficava irritada quando minhas amigas falavam sobre seus bebês, a experiência de amamentar e tudo o que aconteceu nessa fase. Eu me sentia uma estranha, que direcionava minha energia para meu sentimento de falta. Minha constante comparação me deixava deprimida. No íntimo eu sabia que um bebê não poderia ser concebido a partir da energia da carência e que eu tinha que mudar minhas atitudes. Então decidi mudar meu foco do que não tinha e comemorar com minhas amigas que tinham. Em vez de comparar e julgar, permiti que a maternidade de outras mulheres preenchesse meu coração. Fiz muitas perguntas a elas e passei um tempo com seus filhos. Parei de me comparar às minhas amigas que tinham filhos e, em vez disso, comecei a comemorar a maternidade delas. Passei um tempo perguntando sobre gravidez, segurando seus bebês e aprendendo dicas e estratégias de como criar filhos. Comemorei a maternidade juntamente com minhas amigas e a realidade delas começou a refletir a minha. Embora meu bebê ainda não tivesse chegado, fiquei em uma expectativa positiva do que estava por vir. Quanto mais assumia a energia positiva da maternidade, mais perto me sentia do meu bebê.

A fonte de nossa inveja é uma parte de nós que ainda não desenvolvemos. Se alguém tem o que você quer, isso não significa que não esteja disponível para você. Na verdade, é o contrário. Sua inveja é um reflexo do seu desejo íntimo. Mesmo se seu ego o convenceu de que não há o suficiente para todos, seu Eu Superior conhece a verdade. Transforme sua inveja em entendimento. Transforme-a em uma oportunidade para esclarecer para o Universo o que você realmente quer. Acredito que quanto mais você vê outras pessoas que têm o que você quer, mais perto está de obtê-las. Escolha ver as pessoas que têm o que você quer como um reflexo do que está por vir. Veja-as como piscadelas gentis do Universo revelando o seu futuro. Preste atenção às pessoas que estão prosperando nas áreas que você quer prosperar. Aceite que os milagres delas são seus. Quanto mais rápido você se sentir bem com a grandeza deles, mais rápido se concretizará para você.

Faça alguma coisa, qualquer coisa que te deixe feliz

Sim, isso de novo! Lembre-se, o segredo para manifestar é se sentir bem. Repetirei isso várias vezes nesse livro. O modo mais rápido de sair da falta é seguir na direção do se sentir bem. Concentre-se no seu desejo principal, que é sintonizar com a alegria de quem você é. Se você se vir preso em uma história de falta ou comparação, simplifique-a. Escolha se concentrar somente no que te faz feliz. Quando me pego em uma história de falta, cozinho, caminho, me exercito — qualquer coisa que tire meu foco do que não está dando certo e o redireciono de volta para o que me faz sentir bem. Sua crença na falta e comparação pode ser muito forte. É como se fosse impossível mudar. Mas a realidade é que na hora que você faz alguma coisa, qualquer coisa, para se sentir melhor, instantaneamente se livra da falta. O objetivo não é mudar sua percepção de forma milagrosa (embora seja bem-vindo esse tipo de milagre). O objetivo é pensar e sentir seu caminho para sair da falta, com um pensamento de cada vez.

Abra a torneira

Comece a observar com satisfação toda vez que você passar do medo para o amor. Ao acrescentar os momentos milagrosos, você cria incentivo por trás de sua prática. Direcione seus pensamentos para o que está funcionando e prosperando e para longe do medo, da falta e rejeição. Em qualquer momento você pode usar o Método "Escolha Novamente" e buscar um sentimento bom. Direcione seu foco para o que está prosperando e crie mais do que você quer e fortaleça sua fé no Universo.

Usar essas práticas dentro do Método da Abundância Universal aumentará o seu poder de atração. Você transcenderá a energia da limitação e incorporará a energia da prosperidade. Curar sua mentalidade de falta o sintoniza novamente com a alegria e o ajuda a aceitar a abundância do Universo. Decidir se sentir bem, seguir e desapegar te sintoniza com o fluxo do Universo. Dizer sim para o Universo é como abrir a torneira — tudo o que você precisa virá para você. Concentre-se no processo em vez do resultado. Todos os resultados que desejamos chegam quando estamos no fluxo. Mudar da comparação para a unidade, da competição para a compaixão e da falta para o amor o deixarão no fluxo rapidamente.

Deixe o Universo ampará-lo. Sinta-se confiante sabendo que o que os outros têm é um reflexo do que está no seu caminho. Comemore o sucesso das outras pessoas generosa e sinceramente!

A PROMESSA DE CURA DA FALTA

Curar a sua mentalidade de falta promete muitos benefícios. Quando seus pensamentos e sua energia não estão mais presos na falta, o Universo pode prover. A vida não é mais uma corrida de uma conquista para outra. Em vez disso, ela se torna uma experiência de se sentir o tempo todo. Dr. Wayne Dyer disse: "Você não atrai o que quer; você atrai o que é." Em vez disso, assuma os sentimentos de alegria, abundância e prosperidade de se tornar uma Superatração.

Os métodos deste capítulo vão te dar um grande alívio. Pense em todo o tempo que gastou sentindo inveja, comparando-se ansiosamente, temendo a falta e vislumbrando o futuro. Isso tudo ficou para trás! Daqui pra frente, você pode aceitar o sucesso das outras pessoas, a grandeza que vem para você e aproveitar o momento presente sabendo que o que quer está a caminho. Quando você chutar a mania da falta e separação, se sentirá livre.

É empoderador e excitante saber que seus pensamentos e sentimentos têm o poder de atrair seus desejos! Este sentimento será enfatizado no Capítulo 4. Te ensinarei um método que o ajudará a passar rapidamente de pensamentos inferiores e baixa energia para um estado mais positivo. Vou orientá-lo a confiar no poder de seus pensamentos e de sua energia para ajudá-lo a passar pelos momentos difíceis na vida. Siga minha orientação e ficará maravilhado com os resultados.

CAPÍTULO 4

DIVIRTA-SE AO LONGO DO CAMINHO

Em uma manhã de junho, num sábado, fui tomar café na casa de uma amiga. Era um lindo dia ensolarado de final de semana e fizemos uma deliciosa refeição juntas. Mas, enquanto eu estava relaxada e me divertindo, ficou claro que ela estava nervosa e distraída. Logo que nos sentamos para tomar café, perguntei a ela o que estava errado. Ela me contou que mais cedo naquela manhã estava levando seu filho de 9 anos, Jack, para um teste de beisebol. Ele descobriria se passaria para a liga "principal" ou se continuaria na "secundária". Ela estava preocupada com sua reação e que Jack poderia ficar arrasado. De rabo de olho, dei uma olhada em Jack. Ele estava em pé na sala de estar, escutando nossa conversa. Vi o medo em seus olhos e podia sentir seu desconforto. Minha amiga olhou para ele e disse: "Jack, a única coisa que você tem que fazer hoje é se divertir. Não se preocupe com o que acontecer. Apenas se divirta!"

Eu diria que ele queria acreditar nisso, mas seu nervosismo me dizia que o seu medo de não ser escolhido era mais forte do que a sua vontade de se divertir.

Jack foi para o teste e, quando voltou algumas horas depois, ficou claro por sua linguagem corporal que não havia sido escolhido. A tristeza era nítida. Em vez de deixá-la cair no esquecimento, fui até ele e disse: "Sei que você está decepcionado! Conte-me como está se sentindo; e deixei ele reclamar." Ele me contou como tudo era injusto. Como o garoto que foi para a liga principal era menor, mais novo e não era tão bom. Jack gastou uma energia absurda por causa da história negativa. Inicialmente, a professora em mim queria fazer tudo que pudesse para aliviá-lo de sua dor e trazer de volta seu bom humor, mas Jack realmente continuou amuado. Eu não conseguiria levar esse garoto, de 9 anos de idade, do desespero à alegria descontraída tão rapidamente.

Em casos como esse, quase nunca saltamos da infelicidade direto para felicidade. Mas podemos sair de uma vibração baixa aos poucos. Gosto de usar a Escala Emocional de Abraham-Hicks (apresentada a seguir). A ideia por trás da escala emocional é que, embora você normalmente não consiga passar direto de uma vibração baixa para uma alta, pode dar pequenos passos para subir na escala. Bons pensamentos e energia boa acessíveis, o ajudam a subir para uma posição de alegria na escala.

Suas emoções são um indicativo direto de como você está rejeitando ou aceitando. Quando você está na energia da alegria, está se permitindo ser uma Superatração. Quanto mais próximo do sentimento da alegria você estiver, mais facilmente atrairá o que quer. Mas o que você realmente faz quando está muito longe da alegria? Nessas ocasiões não é prudente tentar pular nas escalas muito rápido. Se tentou forçar-se a fazê-lo, então você sabe como é difícil. Na verdade, tentar passar de uma vibração muito baixa para uma muito alta pode fazer você se sentir pior rapidamente. Quando está em uma situação negativa, pensamentos de alta vibração não irradiam — eles apenas soam falso. Então, em vez de tentar pular, temos que nos guiar de volta gentilmente para a alegria. Voltar para a alegria é um processo delicado que requer pequenos passos para subir na escala emocional.

A escala emocional é uma lista de emoções comumente sentidas que vão desde alegria, admiração, liberdade, amor, empoderamento (as mais elevadas) até ao medo, desespero, desalento, à tristeza e impotência (mais baixas). O objetivo é identificar em que lugar você está na escala emocional e proativamente buscar sentimentos bons que tragam emoções boas. Uma vez estabilizado em uma nova emoção, você pode subir na escala! Então continue buscando sentimentos bons e subindo na escala para as emoções de vibração mais elevada.

As emoções que você experimenta se tornam a energia que você emana. Sua energia é importante porque ela é o seu ponto de atração. Quando você está embaixo na escala emocional, emitindo energia negativa, consequentemente irá atrair pessoas, situações e experiências nessa mesma vibração. É por isso que dizemos coisas como: "Meu dia foi de mal a pior" e "Estou numa espiral negativa", pois sempre atraímos e manifestamos vibrações semelhantes, ainda que inconscientemente.

Ao sair de um estado de vibração baixa e subir na escala emocional, seu ponto de atração muda a cada passo. Quando você tende para alegria em qualquer situação, literalmente muda a frequência vibracional do que está acontecendo à sua volta.

A seguir temos a lista da escala emocional de Abraham-Hicks.

ESCALA DE ORIENTAÇÃO EMOCIONAL

1. Alegria/Admiração/Empoderamento/Liberdade/Amor
2. Paixão
3. Entusiasmo/Ímpeto/Felicidade
4. Expectativa positiva/Crença
5. Otimismo
6. Esperança
7. Satisfação
8. Tédio
9. Pessimismo
10. Frustração/Irritação/Impaciência
11. Opressão
12. Decepção

13. Dúvida
14. Preocupação
15. Recriminação
16. Desmotivação
17. Raiva
18. Vingança
19. Desprezo/Fúria
20. Inveja
21. Insegurança/Culpa/Desmerecimento
22. Medo/Tristeza/Desalento/Desespero/Impotência

Veja como usei a escala emocional com nosso pequeno jogador de beisebol, Jack. Quando ele passou pela porta, estava visivelmente amedrontado, triste, desalentado, desesperado e impotente. Eu sabia que ele poderia ficar preso nesses sentimentos o dia todo, ou mais, se ele não tivesse recebido alguma orientação para se livrar deles. Então me sentei ao seu lado, compassivamente, respeitei suas emoções e o deixei esbravejar. Então, delicadamente, o orientei a buscar pensamentos que o fizessem subir um pouco na escala. Eu disse: "Como tudo isso o faz se sentir?" Ele respondeu: "Eu me sinto mal porque agora sou o mais velho em minha liga secundária."

Naquele momento o desconforto de Jack em ser o mais velho no time o fez subir na escala para insegurança/culpa/desmerecimento. Eu disse: "Entendo como você se sente. Imagino que esteja bravo." Ele respondeu: "Sim, estou bravo de verdade porque isso não é justo! O garoto que foi escolhido é mais novo e menor do que eu. Os treinadores não seguiram as regras!"

Jack entrou no ciúme, depois foi direto para o desprezo, a fúria e até a culpa. Eu pude ver seu grande alívio quando ele foi do desespero para a fúria. É engraçado pensar que a fúria pode ser um avanço, mas ela tem uma energia mais positiva do que:

medo/tristeza/desalento/desespero/impotência. Quando entendemos isso, também entendemos que passar do desespero para fúria é um progresso!

O que ele disse sobre os treinadores não seguirem as regras me mostrou que ele subiu na escala para a culpa, então eu o persuadi um pouco. Perguntei: "O que mais está te chateando?" Ele estacionou na culpa enquanto reclamava dos treinadores não o escolherem. Então do seu jeito, sem participação minha, foi para a preocupação. Ele disse: "Estou preocupado de não ficar muito tempo no campo, porque eles darão uma chance para os mais novos jogarem." Ele deu de ombros e suspirou.

Nessa hora, Jack resolveu amargar a sua decepção e não quis continuar conversando sobre a situação. Mas estava claramente melhor, agora que saiu do desespero.

Mais tarde, naquele dia, fomos todos para o campo de futebol assistir ao irmão mais novo de Jack jogar. Eu estava conversando com a mãe de Jack no campo quando notei que ele estava vagando sem rumo. Ele veio até nós e disse: "Estou entediado."

Fiquei tão animada ao ouvir isso! Eu sabia que o tédio era uma subida enorme na escala emocional. Depois do jogo, Jack pegou carona com meu marido, Zach, e comigo. Durante o trajeto, Zach e ele começaram a falar sobre carros — um assunto pelo qual Jack é apaixonado. Eles continuaram discutindo tudo, desde carros dos sonhos até pistas de corrida. Pude sentir animação e entusiasmo na voz de Jack. O assunto "teste de beisebol" se afastou um pouco do pensamento de Jack. Ele subiu para a energia da paixão sem sequer se dar conta. Abraham-Hicks diz: "A distração é a maneira mais rápida de ficar sintonizado." Naturalmente, subimos na escala emocional quando estamos distraídos com alguma coisa que nos faz sentir melhor do que a negatividade na qual estávamos até então concentrados. Se estamos realmente presos e chateados com alguma coisa, pode parecer difícil deixar qualquer outra coisa prender nossa atenção. Porém, uma simples distração pode ser um milagre. Na hora em que você (ainda que ligeiramente) mudar seu foco para outra coisa, se sentirá muito melhor.

Na comunidade dos 12 passos, frequentemente é sugerido que a melhor maneira de esquecer seu próprio drama é ser útil para alguém. Adotei essa prática por anos. Sempre que me pego obcecada por um problema que está me chateando, mudo meu foco rapidinho, procurando saber com meus amigos se eles estão bem. Pego o telefone, ligo para uma amiga e pergunto: "Como é que você está? O que posso fazer por você agora?" Na hora em que entro na energia de servir e foco em outra pessoa é um milagre. O milagre é que mudei minha percepção e esqueci dos meu próprios dramas. O melhor de tudo, ajudei outra pessoa!

A distração realmente funcionou com Jack. Quando chegamos, ele ficou dançando pela casa, jogando no computador e contando piadas. Ele se alegrou novamente! Embora uma decepção mais cedo o tenha deixado triste, ele foi capaz de emocionalmente voltar a subir na escala para alegria. Esse homenzinho era um milagreiro.

Deixe a história de Jack inspirá-lo! Na próxima vez que você se perceber no fim da escala emocional, gentilmente conecte-se aos sentimentos bons e às emoções boas. Saiba que você pode subir na escala aos poucos. Como mostra esse exemplo, muitas vezes você subirá na escala ao se concentrar em algo diferente do que o está aborrecendo. Isso não significa que está ignorando emoções difíceis ou analisando situações complicadas. Na verdade, é o oposto. Ao subir na escala emocional, você pode facilmente atrair ajuda, soluções, ideias e as mudanças de perspectiva que precisa para resolver problemas e mobilizar seus sentimentos de modo produtivo.

Vejamos outro exemplo. Talvez você tenha desperdiçado algum tempo no Instagram, mas rapidinho se percebeu invejoso e insatisfeito com sua visão deturpada. Imagens bonitas de fotos de férias e roupas de grife o fazem sentir ao mesmo tempo angústia e vergonha de sua inveja.

Por fim, você larga o telefone porque está muito irritado para continuar olhando. Não tenha medo dessa raiva! Na verdade, comemore a mudança. A raiva é uma emoção de vibração mais elevada do que a inveja. Passar da inveja para a raiva é um sinal claro de que você subiu na escala emocional. Agora seu trabalho é se manter subindo.

Algumas vezes, você pode expressar suas emoções e, naturalmente, descobrir seu caminho de volta para a subida na escala. Outras vezes você pode precisar ser mais proativo na escolha de um novo pensamento e uma nova energia. Se descobrir que está descendo na escala ou está preso em uma vibração baixa, a solução é simples; volte para o Método do "Escolha Novamente" no Capítulo 1 e acrescente o método da "Escala Emocional" desse capítulo.

Vamos fazer uma breve recapitulação do Método "Escolha Novamente."

1. Observe o pensamento.

Observe quando seus pensamentos e sua energia estão fora de sintonia com a alegria e pergunte-se: "Como estou me sentindo agora?" Revise a escala emocional e anote em que lugar você está.

2. Perdoe o pensamento.

Perdoe-se por estar fora de sintonia e comemore seu desejo de mudança. Agradeça aos sentimentos e pensamentos negativos por lhe mostrarem o que quer e o que não quer.

3. Escolha novamente e oriente-se pela escala emocional.

Responda a essa pergunta: "Qual o melhor pensamento que posso ter agora?" Se você estiver realmente embaixo na escala e não consegue pensar em qualquer coisa, peça ao Universo para levá-lo ao pensamento bom. Lembre-se, o pensamento pode estar totalmente alheio à razão do estado emocional em que você se encontra. Quando esse pensamento o faz se sentir melhor, conecte-se a outro. Gentilmente, volte para a subida da escala emocional. Pensar sobre qualquer coisa melhor do que onde você estava o levará para onde quer ficar. Lembre-se de como é positivo passar para outra emoção, mesmo que essa emoção ainda não pareça alegre. Não pense demais nesse processo. Abraham-Hicks simplifica-o dizendo: "Tudo o que você tem que fazer é descobrir o que quer e se convencer." Simplifique-o e conecte-se com o melhor pensamento que o levará para aquilo que você quer.

O processo de se conectar a um pensamento bom pode ser muito estranho para você. Talvez você seja como eu: passou muitos anos em terapia desencavando velhos medos e lembranças do passado. Ou talvez você seja alguém que tentou resolver problemas experimentando sentimentos incômodos. Embora eu acredite muito na cura terapêutica tradicional, também sei que se eu começar essa cura de uma postura vibracional mais elevada, não serei pega nas histórias. Uma vez ouvi Eckhart Tolle falar em uma entrevista que se você está focado em uma experiência passada negativa, pode escolher reconhecer que essa experiência não está mais acontecendo agora. No momento em que escolhe se concentrar em segurança e proteção, o passado desaparece. Com esse processo, você está respeitando seus sentimentos negativos, mas não está insistindo neles. Essa é uma distinção importante! Muitos de nós ignoram ou passam despercebidos por nossos sentimentos ou mergulham de cabeça neles. Com esse processo, você respeita seus sentimentos negativos mas escolhe passar para um sentimento melhor rapidamente.

Para muitos de nós, subir na escala emocional requer uma mudança essencial de perspectiva. Ainda estou explorando seus efeitos, mesmo após anos nesse processo. Tudo bem se você está tendo um probleminha para fazer sua mente entender a escala emocional e o processo de subir nesta. Disponha-se a tentar de qualquer maneira. Provavelmente você sentirá um alívio enorme.

Parte do que torna o processo tão poderoso é que você não tem que se forçar a voltar à alegria para reivindicar seu incentivo positivo. Você só tem que ser honesto a respeito de como está se sentindo e escolher o próximo pensamento. Sua determinação em se sentir melhor lhe ajudará a passar do desespero à alegria. Experimentar seus sentimentos é essencial para subir na escala. Geralmente, quando estamos presos em uma emoção, a razão pela qual não conseguimos sair dela é que não estamos dispostos a reconhecer o que de fato está acontecendo. No momento em que você respeita seus sentimentos verdadeiros, se sente aliviado e pode expressar uma nova postura vibracional.

Pratique isso regularmente. Sempre que se observar presa em pensamentos baixos e energia baixa, recorra à escala emocional, escolha novamente e oriente-se para voltar. Toda vez que escolher novamente e se conectar com o pensamento bom disponível no momento, está gentilmente subindo na escala e sintonizando com as vibrações de alegria do Universo.

ENCONTRE ALEGRIA EM QUALQUER SITUAÇÃO

Nossa resistência à alegria nos impede de atrair qualquer coisa que desejamos. Quando nos impregnamos na energia da alegria, liberamos resistência. Reconheço que pode ser difícil encontrar alegria em situações aparentemente apáticas, mas é muito mais doloroso viver uma existência sem alegria. Muitos de nós vivemos inadvertidamente desse jeito, quer focando no que não está dando certo ou reclamando muitas vezes sobre nossas condições. Esperamos que reclamar nos fará sentir melhor ou pelo menos nos ajudará a encontrar um ouvido amigo. Mas quando nos concentramos no que não está dando certo, apenas, atraímos mais o que não está dando certo.

Uma das maneiras mais rápidas de você voltar para escala emocional é fazer algo que o faça se sentir bem. Se tive um dia ruim, vou ouvir música, pego meu fone de ouvido, vou dar uma volta ou vou para a academia. Aprendi pela experiência que mesmo que as coisas não estejam saindo como planejei, ainda posso me divertir. Na verdade, quanto mais me divirto, mais perto fico de atrair o que quero. Algumas vezes, temos de parar de focar tanto em nossos desejos para trazê-los para nossa vida. Não se trata de perder o desejo. Ele está sempre conosco. É só que focar na sua ausência na realidade o afasta, enquanto se divertir nos aproxima de consegui-lo. Tirar o foco do seu desejo e redirecionar sua energia para a alegria o leva para um ponto mais positivo de atração. Pense na última vez que você ficou obcecado com algo que queria. Provavelmente não se sentiu alegre. Todo o seu foco e atenção no "você", gera resistência. Pare de controlar essa resistência e redirecione seu foco para algo divertido que vai distraí-lo. A diversão pode vir de simples ações. Exercícios, ligação para um amigo querido, palavras cruzadas ou aproveitar o tempo brincando com seu filho. Se uma atividade te traz uma sensação de satisfação, prazer, aconchego, animação ou felicidade, então é diversão. Assim que você abraça uma experiência divertida e alegre, sobe na escala emocional.

Um jeito simples de criar mais diversão ao longo do dia é sorrir para as pessoas e interagir em conversas aleatórias. Falo literalmente com qualquer um. Ando na rua e digo para uma mãe como seus filhos são lindos. Ou puxo uma conversa com um estranho sobre seu dia. Esses momentos de conexão espontânea podem trazer muita alegria para todos. Talvez você não seja como eu, puxando assunto com pessoas aleatórias, mas pode sorrir para alguém no seu trajeto ou se oferecer para pegar um café para seu colega de trabalho. Esses momentos aparentemente insignificantes de conexão nos levam de volta para a nossa verdadeira natureza amorosa. Incorporar alegria e amor é o que significa ser uma Superatração. Quero enfatizar que não é difícil reivindicar sua conexão de Superatração. Um momento de felicidade é o suficiente.

Em vez de buscar essas oportunidades para se sentir bem, muitas vezes reprimimos toda nossa expressão de alegria focando intensamente em um resultado específico. A fixação em um resultado específico (que pensamos que queremos) nos faz lutar e sofrer quando tentamos forçá-lo. Não nos deixamos sentir felizes, satisfeitos ou relaxados até que possamos tirar esse objetivo da lista. Mesmo quando alcançamos o objetivo, imediatamente focamos na próxima tarefa a cumprir. Viver de realização em realização é um padrão viciante que nos impede aproveitar verdadeiramente a riqueza da vida. Quando fazemos da diversão uma prioridade e liberamos os resultados, podemos parar de reclamar e começar a atrair. Porém, vejo muitas pessoas ficarem presas na ideia de que a alegria vem da realização. Isso é o oposto! O objetivo não é realizar alguma coisa mas se divertir ao longo do caminho que você deseja alcançar. Assumir uma energia de alegria é o meio mais rápido de alcançar o sucesso! Por exemplo, se você está tentando atrair um namorado, certifique-se de se divertir com esses aplicativos de namoro ou naquele encontro às cegas. Isso é especialmente verdade, mesmo quando você sente que qualquer encontro em particular não é para você. Ainda há muitas oportunidades para aprender algo novo e interessante sobre a outra pessoa ou a si mesmo. Se você incluir alegria no processo, manterá um ponto positivo de atração que agilizará a sua capacidade de revelar seu desejo ao parceiro. Sua energia divertida é sexy, e será sentida em cada encontro (e até nos aplicativos)! Não há nada mais atraente do que alguém que está se divertindo.

Se você quer um novo emprego, encontre maneiras de se divertir mais em seu emprego atual. A energia boa que você leva para qualquer trabalho que faz, ajuda a abrir portas para novas oportunidades. Isso pode parecer contraditório, especialmente se não gosta de seu emprego atual. Você pode estar pensando: "Como posso gostar desse lugar? Odeio o meu trabalho!" Mas encontrar um melhor exigirá sua energia de atração e, então, você terá que mudar a perspectiva em seu trabalho atual. Você pode ser mais amigável com os colegas de trabalho? Pode trazer mais ideias e entusiasmo para as reuniões? Pode tornar sua mesa/escritório um lugar com uma alta vibração? Quando começar a fazer essas mudanças, se sentirá bem em sua situação atual e cada um que você encontrar se sentirá bem por você. Desta postura de energia positiva, você atrairá esse novo emprego muito mais rápido!

Se você está fora de sintonia com o bem-estar físico que deseja, torne o seu processo de cura divertido. Eu tive um grande sucesso ao me curar quando escolhi me divertir cozinhando alimentos funcionais e praticando autocuidado. Um belo exemplo disso é minha melhor amiga Jenny, que ajudou seu pai, Ray, durante o processo de quimioterapia. A cada etapa do caminho,

Ray se manteve em uma atitude positiva. Ele vai para o tratamento com entusiasmo e otimismo. Faz piadas com as enfermeiras e mantém o humor leve. E ele passa tempo com Jenny pesquisando alimentos funcionais que vão nutri-lo. Sei que a atitude de Ray não só está tornando a experiência mais fácil como também está enviando uma mensagem para cada célula em seu corpo liberando qualquer resistência à sua cura. Sua alegria acaba com os obstáculos, ampara seu corpo físico e saúde mental e o mantém aberto a possibilidades criativas de cura.

Priorize sua diversão mesmo quando as coisas não saírem do jeito que você planejou ou quando suas revelações ainda não chegaram. Acredite que quanto mais você se diverte, mais agilizará o processo de realização. Divertir-se ao longo do caminho muda sua energia para a certeza. Quando a alegria se tornar seu exemplo, você se certificará de que tudo dará certo, mesmo que o resultado final seja diferente daquele que planejou. Você aprenderá a confiar na sua própria capacidade para acessar alegria em vez de buscá-la em uma fonte externa. Nenhum amor, dinheiro, nenhuma credencial ou realização pode te dar a sensação de certeza que sua própria alegria pode fornecer. Quando você se diverte ao longo do caminho, o Universo te ampara. O amparo, o fluxo e a sincronicidade que você recebe do Universo lhe dão um enorme senso de certeza. Escolher a diversão o ajudará a se lembrar de que você está sendo guiado por uma força de amor sempre presente. Ela lhe dará liberdade para confiar no Universo e confiar que a alegria iluminará o caminho.

Você pode estar pensando: "Como posso encontrar alegria quando estou realmente triste com alguma coisa?" Lembre-se sempre que você não tem que saltar na direção da alegria. Você deve subir delicadamente na escala emocional um passo de cada vez. Abraham-Hicks falou: "Não deixe que qualquer lugar em que esteja o amedronte. Deixe que ele o informe. A energia em que está agora lhe esclareça sobre o que você realmente quer."

ALEGRIA ABRE PORTAS INVISÍVEIS

Um de meus hobbies favoritos é cozinhar. Sou autodidata, uma chefe “intuitiva”. Não uso receitas, crio minhas próprias técnicas. Me sinto livre na cozinha, cozinhar se tornou outra forma de meditação para mim. Passei anos documentando minhas refeições nas mídias sociais com fotos e postagens em blogs, assim quando surgiram os stories no Instagram, tirei de letra. Quase todas as noites compartilho tutorial de vídeo sobre qualquer coisa que estou cozinhando para o jantar — eu chamo de “Cozinhe com a Gabby”. Toda receita que compartilho me faz feliz. Incluo os mantras que ouço enquanto cozinho e a diversão que sinto vem das telas dos telefones de milhares de espectadores em todo o mundo.

Comecei o “Cozinhe com a Gabby” por pura diversão e nada mais. Era uma expressão autêntica do meu hobby favorito. Num espaço de alguns meses de compartilhamento regular, coisas interessantes começaram a acontecer. Comecei a receber e-mails de marcas de comida que queriam me mandar utensílios de cozinha para o “Cozinhe com a Gabby”. As pessoas começaram a vir até mim nos meus eventos e a me dizer quanto adoravam minhas ideias de refeição. E então, em uma noite, na festa de um amigo, algo realmente engraçado aconteceu. Do outro lado da sala vi uma mulher jovem vindo na minha direção. Ela pareceu feliz em me ver. Pensei que pudesse ser uma leitora, animada para compartilhar sua experiência de um dos meus livros. Mas para minha surpresa ela disse: “Ai meu Deus! Você é aquela mulher do Cozinhe com a Gabby! Eu amo esse programa.” Ri alto. Achei incrível que, de todas as coisas que fiz na minha carreira, fui reconhecida por um pequeno programa que criei no Instagram por capricho!

Hoje, arrume um tempo para fazer algo que o faça feliz. Descubra seu próprio “Cozinhe com a Gabby”. Faça algo que o ilumine e testemunhe como o Universo o apoia. Posso ouvir alguns de vocês reclamando que simplesmente não têm tempo. Em primeiro lugar, você tem que tornar o sentir-se bem uma prioridade — você deve isso a si mesmo e aos outros ao seu redor. Segundo, só precisa de alguns minutos para escrever no diário, meditar, dar uma volta, ouvir sua música favorita, ou puxar um assunto com um colega de trabalho ou vizinho. Dê a si mesmo pelo menos dois minutos de trégua todos os dias da crença baseada no medo incessante que o mantém na negatividade. Só leva alguns minutos. Lembre-se, na hora que você aceita a alegria, sobe na escala emocional.

Incorporar alegria a uma situação muda a frequência vibracional do que está acontecendo à sua volta. Tente! Na próxima vez que estiver chateado naquela reunião demorada ou metido em uma fofoca num lanche, faça uma piada. Leve alegria para ambientes sem alegria e observe a mudança de energia na sala. Você é uma metamorfose. Pense nas manhãs quando entra no escritório de bom humor — tenho certeza que as pessoas o tratam com mais gentileza e vibrações mais elevadas do que nos dias quando aparece com uma péssima atitude. Você tem o poder de mudar a energia à sua volta escolhendo ficar alegre. Mesmo quando outras pessoas não comecem desse lugar, você tem o poder de elevá-las com você. Sempre que você transmite sua energia de vibração elevada para alguém com vibração baixa, ele se elevará na sua presença. Muitas vezes, o que mais importa não é mesmo o que você diz ou faz, mas a energia que você emana. Seja a pessoa que ilumina uma sala!

LEVE UMA LANTERNA

Muitos dos meus alunos me perguntam como manter vibrações elevadas quando estão cercados por pessoas presas em negatividade. Minha resposta é: "Sempre leve uma lanterna". Ela serve como um lembrete constante de sua capacidade de brilhar mesmo em torno da escuridão dos outros.

Acender sua luz é o melhor jeito de lidar com a negatividade. Algumas vezes, pensamos que o compadecimento é o modo mais eficaz de ajudar. Mas o compadecimento só deixa as coisas piores. Se alguém está sofrendo, você não tem que baixar sua energia para fazê-lo se sentir melhor. Sentir pena o faz se sentir bem? Provavelmente não. Ser alvo de pena geralmente perpetua nosso desconforto e reforça nosso sentimento de impotência. Pensamos: "A coisa deve estar *realmente* ruim se eles pensam assim também." Em vez de sentir pena de alguém, acenda a sua lanterna interior, mantenha sua vibração elevada e leve essa pessoa de volta à paz por meio de sua presença positiva. Sua vibração elevada iluminará seu mundo. Quando você está sintonizado com a energia da alegria, se torna um facho de luz para todos que encontra e inspira os outros a iluminar quando estão ao seu redor. Procure ser uma fonte de luz no mundo simplesmente ao assumir uma energia de alegria. Na presença da sua alegria, os outros reconhecerão a sua própria.

SINTONIZE SUA ENERGIA EM UMA FREQUÊNCIA POSITIVA

Toda grandeza que atraí na minha vida veio da energia vibracional elevada. Em 2015 afirmei que medi meu sucesso com base no quanto me diverti. Em vários livros meus, escrevi sobre o poder da diversão e do campo de força magnética da alegria e disse que a felicidade é uma escolha que faço. Porém recentemente fiz dela uma prioridade ainda maior. Foi quando comecei a sentir a abundância da alegria na minha vida. Aceitei que a alegria pode ser um sentimento que sintonizo o tempo todo, não somente em momentos fugazes. Essa grande mudança aconteceu quando me dediquei ao meu bem-estar e me comprometi com o poder do pensamento positivo, a diminuição do estresse e liberação da resistência. Viver essas práticas plenamente me permitiu sintonizar novamente com a minha energia. Já não me esforço para liberar momentos de alegria; agora sinto a abundância da alegria ao longo dos meus dias.

A mudança foi que decidi parar de dar importância à minha dor. Respeitei meu sofrimento do passado, mas escolhi não insistir nele. Decidi ser outra e aceitar a alegria como meu legado. Essa renovação apareceu no meu trabalho, casamento e na minha saúde física. Assim que decidi viver com graça e alegria, minha vida mudou para sempre. Em pouco tempo me senti uma nova pessoa. Nunca fui tão feliz. Compartilho isso porque sei que esse milagre espera por você também. Quando você é orientado por um livro como esse, é porque tem um forte desejo de se sentir bem. Esse desejo é suficiente para experimentar uma mudança milagrosa. Você pode decidir hoje sintonizar sua energia e se comprometer com o amor e a alegria. Num piscar de olhos, você pode escolher um mundo além do seu medo. Sei que isso é verdade porque muitos de vocês me contataram e compartilharam suas experiências comigo. Quando você embarca num trajeto espiritual, uma mudança acontece, você estando consciente dela ou não. E se segue esse trajeto e se mantém fiel a ele, um dia você acorda uma nova pessoa.

Bem-vindo à sua renovação atual. Se teve tempo para aplicar só um dos princípios desse livro, você é outra pessoa. Esses métodos sintonizam sua energia e o levam de volta para a subida na escala emocional. A simples mudança é suficiente para colocá-lo em um novo trajeto. Preste atenção à sua renovação e comemore cada mudança por menor que seja. Comemore os momentos em que você escolhe relaxar em vez de se esforçar mais. Quando perdoa em vez de se vingar. Quando escolhe um sentimento bom e arruma um jeito para sair do desespero. Esses momentos aparentemente menores são os milagres. Sinta-se orgulhoso por cada mudança milagrosa. Obrigada pelo seu compromisso.

ACOMPANHE A ONDA DE POSITIVIDADE

Mesmo a mudança mais sutil na sua energia é suficiente para redirecionar seu fluxo energético para a alegria. Quando você sentir essa mudança, deixe-a dominar. Leve-a mais além e sinta-a o máximo possível. No momento que observo minha energia um pouco mais perto do amor e da alegria, procuro por mais. Sinto as boas vibrações e as deixo me mudarem intensamente. Conscientemente, continuo procurando por mais e mais pensamentos positivos. Acontece com frequência quando estou dirigindo para o campo, ouvindo música de mantra. Frequentemente, fico tocada quando passo por campos e florestas ao som da música. Quando experimento esse sentimento, acompanho o momento e mantenho as boas vibrações fluindo. Começo a pensar como sou grata por viver em uma comunidade pacífica. E no quanto amo poder dirigir até uma fazenda local e comprar comida para a semana, me sentindo livre ao volante. Penso no jantar que vou fazer e como meu marido vai apreciá-lo. Vou mais além ainda e envio amor para meus amigos na minha comunidade e comemoro as ótimas conexões que fiz. Então me respeito por me comprometer a servir o mundo. Deixo essa alegria me invadir. Acompanhar esse momento é um processo realmente engraçado.

Da próxima vez que você sentir sua energia sintonizar com o amor, acompanhe a onda de positividade e então leve-a ainda mais além. Deixe seus pensamentos fluírem com mais e mais alegria. Alcance mais e mais emoções positivas. Você não consegue levar essa prática muito longe. Acompanhe a onda de positividade e não pare. Sentir-se bem é o objetivo, portanto quando chegar lá, agarre-se ainda mais a ele!

INSPIRE OS OUTROS FAZENDO O QUE TE INSPIRA

Você pode ainda estar relutante com a ideia de que se divertir é uma das coisas mais importantes que pode fazer. Essa é uma reação normal. Muitos alunos novos de espiritualidade temem que sua trajetória espiritual seja egoísta. Eles se sentem culpados por se divertirem e sem remorso por seus desejos. Mas uma das grandes lições que aprendi com Abraham-Hicks é que devemos ser egoístas em nossa prática. "Egoísta" aqui não é um conceito negativo. Esse tipo de egoísmo não machuca ninguém e não significa negligenciar os outros de jeito nenhum. Mas requer que a sua alegria venha em primeiro lugar. Você deve fazer da sua alegria sua maior prioridade. Quando é egoísta em relação ao seu bem-estar, está realmente prestando um grande serviço ao mundo. Isso ocorre porque quanto mais alegria você incorpora e quanto mais permite que a inspiração o toque, mais poderosamente servirá aos outros. Não podemos ajudar ou elevar alguém ou qualquer coisa de um lugar de resistência e baixa vibração. O maior presente que podemos dar é a nossa energia positiva. Portanto estou encorajando-o a ser mais egoísta a respeito de como você quer se sentir. Acredite que quanto mais feliz e mais inspirado estiver, mais você pode dar para sua família, seus amigos, colegas de trabalho e sua comunidade.

Vivemos em uma época em que devemos levar mais positividade e luz para o mundo. Qualquer pessoa num trajeto espiritual se ofereceu para servir. O primeiro serviço é a energia que você traz. A grande mudança no mundo não pode vir de nossa desesperança; ela deve vir de nossa inspiração e alegria. Quando fazemos da nossa alegria uma prioridade, ideias brilhantes naturalmente virão, o amparo nos cercará e os movimentos se formarão. As pessoas que são verdadeiramente felizes também são verdadeiramente úteis.

Quando você sabe como é incrível viver na alegria, não consegue ajudar, mas pode espalhá-la. Logo que você incorporar essa energia, retirará o véu de um mundo de medo para revelar um repleto de luz. Essa é a prática do próximo capítulo. Nas páginas seguintes, você aprenderá que existe um mundo além das percepções de medo que crescemos acreditando. Há um mundo de paz, felicidade, liberdade e luz. Anime-se para retirar o véu.

CAPÍTULO 5

RETIRE O VÉU

Quando eu era criança, era muito consciente de um mundo além da minha visão física. Eu acreditava em anjos, fadas, e era muito intuitiva. Quando somos muito jovens, não existe um véu entre o mundo físico e o espiritual. É por esse motivo que, frequentemente, você ouvirá as crianças falarem de anjos ou com seus amigos imaginários. Elas podem até falar sobre vidas passadas ou prever intuitivamente alguma coisa que não poderiam ter conhecido. Nessa fase da inocência, os mais novos podem perceber um mundo além das limitações físicas e ver com visão espiritual.

Quando criança, acreditava em mim mesma e em um poder superior. Com o tempo, essa fé foi tirada de mim conforme os medos do mundo aumentavam. Comecei a me sentir sozinha, insegura em um mundo cheio de medos e limitações. Houve muitos momentos em que me afastei do amor do Universo. Testemunhar o divórcio dos meus pais, sofrer bullying no parque e às vezes tirar notas baixas na escola estavam entre as experiências de separação que construíram minha visão de mundo com o medo.

Conforme nos tornamos adultos, fica mais difícil acessar a esfera espiritual. Criamos um véu entre a esfera Universal do espírito e o mundo físico em que crescemos e dependemos. Começamos a nos identificar com nosso corpo em vez de nosso espírito. Nossos pais, professores e outros à nossa volta nos ensinam e, muitas vezes, nos incentivam a fazer essa mudança. À medida que envelhecemos, quase todos e tudo que encontramos parece reforçar um mundo de separação e medo. Cada pensamento baseado no medo a que somos expostos ratifica nossa crença no mundo físico e nos distancia da esfera espiritual.

Felizmente, não importa o tanto que me desviei do medo do mundo, sempre soube que havia algo mais além do mundo físico. Esse conhecimento me salvou de ficar à deriva e sozinha. Mesmo no meu momento mais tenebroso, acreditei que com uma ligação espiritual, qualquer coisa é possível. Como uma aluna espiritualizada, fiz minha parte para retirar o véu do mundo físico e lembrar de iluminar a esfera espiritual. Essa devoção diária me trouxe muita paz em meio à tensão e crises que todos enfrentamos. A escolha de ver com visão espiritual virou um hábito. Eu tenho esse hábito para lembrar que o Universo está me guiando e renovo meus pensamentos de volta para o amor. Sem essa conexão espiritual, eu me perderia em um mundo de previsões atemorizantes.

Uma das maneiras pelas quais me empenhei em ver com olhos espirituais foi escrever. No decorrer da última década, escrevi sete livros sobre princípios espirituais. Nessas obras, me esforço para traduzir e desmistificar a espiritualidade para facilitar o entendimento de todos. Embora eu acredite que isso foi de grande ajuda, enquanto escrevo esse livro, sinto um chamado para provocar esse envoltório metafísico. Cada palavra que escrevo aqui me lembra saber o que é verdade. Canalizar essas palavras nesses livros me traz muita alegria porque o processo retira o véu entre as esferas mundana e espiritual. Para que todos verdadeiramente aceitemos que somos Superatrações, devemos abraçar um mundo além da simples lógica e razão. Não devemos nos desculpar pelo que nossa fé no Universo significa para nós.

Quero ajudá-lo a retirar o véu entre o mundo da percepção e o da conexão espiritual. Além do véu do mundo baseado no medo, há milagres esperando por você. Você não os bloqueou — só não os procurou. A Lição 91 de um *Curso em Milagres* diz: "Milagres são vistos na luz."

O *Curso* ensina:

> O milagre está sempre lá. Sua presença não é causada por sua visão; sua ausência não é o resultado da sua falha em enxergar. É somente sua percepção de milagres que está afetada. Você os verá na luz; não os verá na escuridão.

Está na hora de você ver com luz.

Enquanto permanecermos convencidos de que o mundo físico é nossa única realidade, os milagres permanecerão ocultos.

Somos incentivados a focar esse mundo físico de forma que nos faz desenvolver um hábito de negar a luz. Como consequência, nos cegamos. Tudo que percebemos é a escuridão que criamos. Desde a infância criamos uma visão de mundo baseada no medo, na separação, no julgamento e na escassez. É como se estivéssemos vivendo em um pesadelo — mas tudo o que temos que fazer é acender a luz para reconhecermos que é apenas um sonho ruim.

A crença em nossa percepção de nós mesmos, nosso corpo físico e todos os medos do mundo tornam mais difíceis acreditar no amor. Acreditamos que estamos desprotegidos, suscetíveis a doenças, agressões e sofrimentos. Nossa fé no corpo nos mantém vivendo no medo. Acreditamos em histórias de doença, trauma, privação e ódio. Acreditamos na história de separação, pensamos que somos melhores que algumas pessoas e inferiores a outras. Essa crença ocorre quando nos desconectamos do amor do Universo. Um pensamento de separação leva a outro e eles se multiplicam em nossa mente. *Um Curso em Milagres* sugere que inventemos uma "pequena ideia louca" de estarmos separados do Universo e isso começa com uma separação contínua do amor. A pequena ideia louca é que estamos separados do amor do Universo, ou como o *Curso em Milagres* diria, de Deus. Quando levamos uma pequena ideia louca a sério e acreditamos que ela aconteceu, decidimos que o amor do Universo não foi suficiente. Escolhemos acreditar que poderíamos criar um amor com base em um mundo separado de dualidade. Quando escolhemos a pequena ideia louca, viramos as costas para o amor do Universo. Nessa altura, o ego nos convenceu de que estamos desprotegidos e, portanto, responsáveis por inventar crenças que nos fariam sentir bem o suficiente. Para piorar as coisas, sentimos culpa por estarmos separados da nossa verdade, que é o amor. Escolhemos acreditar na identidade do "eu" separado, que nos faz admitir um mundo que está desconectado do amor. No momento em que escolhemos levar a sério a pequena ideia louca de separação, escolhemos um mundo de medo em vez de amor.

A solução para esse medo é retirar o véu e enxergar pelas lentes do espírito. Quando fizermos isso, nos lembraremos de que estamos seguros, inteiros e protegidos. Quando aceitamos que há um mundo de amor e amparo além de nossa esfera física, nos veremos como espíritos tendo uma experiência humana. Essa percepção espiritual pode nos trazer grande paz, amor e alegria. Esse é o conceito de paraíso na Terra — quando vivemos no mundo mas com o pensamento do paraíso.

Quando percebemos um mundo de separação, inconscientemente experimentamos uma sensação de culpa por termos virado as costas para o que o *Curso* chama de amor perfeito. Cada pequena ideia louca de separação constrói um mundo idealizado desconectado do amor verdadeiro de quem somos. Ficamos sobrecarregados com ódio de nós mesmos por nos separarmos de quem nos tornamos, por conta de um nível inconsciente, nossa crença na separação nos deixa culpados, na defensiva e sozinhos. Essas crenças criam o véu que nos esconde de nossa verdade de Superatração e do amor de quem somos.

Como o *Curso* explica, as pequenas ideias malucas de separação não são os problemas.

Em vez disso, o problema é o modo como respondemos a elas. Quando respondemos a pensamentos baseados no medo com mais medo, perpetuamos o afastamento do amor. Diariamente, pendemos para as pequenas ideias malucas de separação com crenças do tipo: "Eu não tenho o suficiente", "Todo mundo está querendo me pegar", "Eu sou melhor do que eles", "Sou mal-amado" e assim por diante. Já acordamos criando um mundo idealizado de separação e nos distanciando da nossa verdade.

A pergunta então se torna: Por que todos nós não retiramos o véu? E se do outro lado do véu tiver luz, amor e verdade, o que estamos esperando? Por que demoramos tanto?

A resposta é que estamos com medo de acender a luz. Porque quem seríamos nós se não fôssemos um corpo preso nos dramas do mundo que criamos? Crescemos para confiar nas percepções que construímos contra o amor e as usamos para nos proteger da decepção e da dor. Se simplesmente retirássemos o véu para amar e liberássemos nossas percepções mundanas, essa dor desapareceria.

Mesmo com minha fé na esfera espiritual, sou constantemente desafiada pela minha percepção sobre minha própria imagem, do meu corpo e do afastamento do amor. Um mês antes de começar a escrever este livro, me deparei com um grande problema na vida. Fiquei meses doente, com um problema estomacal não diagnosticado. Sentia muita dor, não conseguia comer nada, estava obcecada para encontrar soluções. Passei muito tempo pesquisando meus sintomas no Google e me diagnosticando, o que é uma péssima ideia e que não recomendo. Rezei, meditei, mas o medo era maior do que a minha fé e continuei obcecada com meu corpo. Finalmente, após meses de testes, obtive resposta para minha condição. A princípio essa clareza me trouxe algum alívio. Mas quase imediatamente fiquei obcecada a respeito de como me curaria. No fundo eu sabia que minha obsessão corporal estava prolongando o problema. Então comecei a pedir ajuda.

Minhas preces foram ouvidas na hora do almoço com minha amiga e professora Marianne Williamson. Ela perguntou como eu estava e comecei um monólogo sobre toda a dor e sofrimento que encarei. Disse a ela que finalmente tinha um diagnóstico, mas reclamei que tinha uma longa estrada para a recuperação. Minha energia estava frenética e ela pôde sentir meu medo. Ela me olhou nos olhos e disse: "Você está obcecada com a identificação com o corpo." Marianne me lembrou que eu poderia me identificar com a parte de mim que estava doente (o corpo), ou com a minha parte que não *estava* (o espírito). Ela me lembrou que o corpo cura quando não estamos olhando para ele.

As palavras de Marianne me levaram de volta para a verdade e para um ensinamento do *Curso* que diz: "Eu não sou um corpo. Eu sou livre." Esse era um conceito difícil de aceitar quando os sintomas físicos estavam ativos. Mas sei que quanto mais eu me identificasse com meu corpo, meus sintomas não desapareceriam. Olhei mais de perto como essa condição física surgiu. Uma série de momentos de separação sem amor me causaram muito estresse. Esse estresse direcionou minha atenção para o mundo, meu corpo, minha falsa percepção baseada no medo de mim mesma. Esqueci meu verdadeiro propósito, que é ser amor e espalhar amor.

Segui o conselho de Marianne e escolhi me identificar com o amor. Viver se identificando com o espírito não significa que parei de me medicar ou de seguir um protocolo de cura. Mas que parei de focar insistentemente no corpo, que estava me mantendo no escuro. Rezei por mim mesma na luz. Meditei sobre a visão de retirar o véu e ficar na luz sempre presente do Universo. Passar de identificação com o corpo para identificação com o espírito me fez acreditar na minha capacidade de atrair boa saúde. Segui diariamente, fielmente, as práticas para me ajudar a retirar o véu e cruzar a ponte de minha percepção de mundo para um mundo de luz. Todo dia continuo me lembrando de que "milagres são vistos na luz". Cada prece me aproxima da luz, cada meditação redireciona minha frequência energética na direção da luz e cada pensamento de amor abre o caminho de volta para luz. Aceitei que o amor dentro de mim revela a minha luz. Eu não tenho que acabar com a escuridão; só tenho que escolher ver na luz.

Sei que você entende a diferença entre identificação com o corpo e com o espírito no nível da alma. Mas no nível mundano, você resistirá. O *Curso* diz: "Dizem que o que você não vê é que parece loucura... Sua fé está na escuridão, não na luz." Entendo profundamente essa luta existencial entre o mundo da escuridão e a esfera espiritual da luz. Ainda vivo com muita atenção num mundo que não quero ver: um mundo de agressão, ódio, desprezo, raiva e ressentimento. Um mundo de luta, dor, decepção e sofrimento. Mas passei a acreditar que a única maneira de sair desse mundo de escuridão é escolher ver a luz o mais rápido possível. Ver a luz é uma prática, que requer nossa disposição para acabar com nossa descrença. Devemos criar o hábito de ver com a luz.

Quanto mais sintonizado com a visão da luz, mais a percepção da escuridão começa a desaparecer. *Um Curso em Milagres ainda fala de "episódios de luz"*. Há muitos anos eu estava sentada na praia lendo o *Curso*. Botei o livro no colo e olhei para o mar. Enquanto contemplava o lugar em que a água se encontrava com a areia, comecei a ver um brilho, um retângulo iluminado no céu. Era como se eu estivesse vendo o mar através dessa moldura de luz branca. Inicialmente fiquei assustada mas também me senti bem. Quando a luz se dissipou, voltei para o meu livro e vi ESTA passagem no *Curso*:

> Você começará a entendê-lo quando vir pequenas arestas de luz ao redor dos mesmos objetos habituais que você vê agora. Esse é o começo da visão real...
>
> A medida que formos avançando, você pode ter muitos "episódios de luz".

Sorri como se soubesse que havia realmente um mundo além da minha visão física. Desde então tive muitos episódios de luz. Vejo centelhas de luz brilhantes e raios de luz dançando pelo ar como enfeites. Sempre vejo luz nas minhas meditações. Quando desacelero e volto a sintonizar com o Universo, a luz se revela como um profundo sentimento interior. Amo esses episódios de luz porque eles me lembram de que não sou um corpo; sou livre.

Agora eu procuro pela luz onde quer que eu vá. Eu não consigo bloqueá-la, mas muitas vezes desvio para o medo e esqueço de olhar para luz. A luz está sempre lá e é minha escolha vê-la. Desejo que você tenha sua própria experiência de episódios de luz. Quero que você conheça o verdadeiro significado de viver neste mundo, mas com pensamentos de amor. Quero que você consiga juntar o mundo da percepção e o mundo da luz. Quero que você traga essa luz de volta para esse mundo de percepção para ajudá-lo a aumentar sua visão limitada — para iluminar a escuridão. Quando vivemos na luz, nos lembramos que temos o poder de Superatração. Sabemos que podemos nos conectar a uma presença de força, sabedoria e paz além do mundo.

Agora, não surte. Eu disse a você que isso ia provocar o envoltório metafísico. Agora, acesse a parte de você que acredita na luz ou ainda em um desejo de acreditar. Isso o guiará nesta jornada para desfazer a percepção da escuridão e se lembrar da luz. Se você está resistindo a qualquer coisa sobre este capítulo, apenas sintonize com a parte de você mesmo que acredita no amor e fique aberto para uma nova perspectiva.

Tendemos a tornar nossa prática espiritual muito complicada quando ela não é. O que é complicado é nossa resistência a ela. Acabe com sua descrença, mesmo que durante este capítulo, e deixe-me ajudá-lo a se lembrar da luz. Está na hora de retirar o véu. Siga minha orientação e a mantenha simples.

NÃO SE JULGUE POR PERCEBER A ESCURIDÃO

Vamos começar nos livrando de qualquer autocrítica ou agressão. Já vi tantas pessoas se julgarem pelo quanto desviaram para o medo e a escuridão. Lembre-se, a luz nunca o abandona. O mundo de escuridão que você percebe é simplesmente uma série de pequenas ideias loucas e momentos de desamor que desconectaram você da luz de quem você é. Agora, aceite que a escuridão e o desconforto são grandes oportunidades para se aproximar do espírito. Liberte-se das maneiras pelas quais você comprou o medo do mundo. Perdoe-se por todas as maneiras que você escolheu para acreditar na escuridão. Perdoe seus pensamentos agressivos, seu autojulgamento, suas transgressões e perdoe-se por temer a luz. Lembre-se que o *Curso* ensina: "Milagres são vistos na luz." No momento em que mudar seus pensamentos do medo para o amor, você experimentará um milagre. Escolha-o agora perdoando seus pensamentos de medo para que você possa voltar ao espírito.

ESCOLHA VER NA LUZ

Sempre que ficar agarrado às percepções do mundo físico, pergunte-se: "Quero ver isso na escuridão ou na luz?" Se tiver disposto a fazer essa pergunta, então estará disposto a escolher a luz. No momento em que você se faz essa pergunta, convida uma presença espiritual além da sua para guiar seus pensamentos de volta ao amor. A pergunta é uma prece por ajuda. É um lembrete de que há um mundo além de sua visão física, um mundo além do medo, um mundo além da limitação, um mundo que é brilhante. A visão da luz está esperando por você para escolhê-la. Escolha conscientemente ver com luz durante todo o dia. Faça disso um hábito.

Muitos milagres surgem quando você faz essa simples escolha. Recentemente, vivenciei uma mudança milagrosa ao escolher ver com luz. Uma tarde, recebi um e-mail de alguém preocupado com uma postagem de ódio sobre mim na página de alguém no Facebook. Uma mulher escreveu um longo desabafo a meu respeito, dizendo que eu era uma fraude. Você pode imaginar quão devastador isso foi para eu ler. O que mais me chateou foi que várias pessoas comentaram na página dela. As pessoas disseram coisas do tipo: "Até que enfim alguém está falando como a Gabby é horrível." Normalmente não reajo ao ódio na internet. Tenho orgulho de uma prática que chamo de "perdoar e deletar". Mas esta postagem realmente me transtornou. Passei horas enfiada na escuridão dessa negatividade. Vi outras postagens negativas na página dessa mulher, fiquei na defensiva e deprimida. Mais tarde naquela noite, enquanto eu ainda estava me sentindo muito mal por causa da postagem, meu marido me chamou. Zach disse: "Você ainda está cismada com isso?"

Respondi: “Sim. Não consigo me ver livre disso.”

Ele me olhou com muita compaixão e disse: “Pare de ler seu comentário negativo e vá ajudar as pessoas que querem ouvi-la. Comece com os milhares de *directs* no *inbox* do seu Instagram.”

Isso foi um milagre. Senti um alívio tão grande na hora que ele sugeriu que eu redirecionasse meu foco da escuridão e escolhesse em vez disso ver a luz. Então fiz meu marido me mostrar onde encontrar os *directs* no Instagram (eu não tinha ideia!). Eu não sabia que a luz estava ali e não a procurei! Então passei os dias que se seguiram respondendo as mais belas histórias, depoimentos e mensagens de pessoas de todo o mundo. As pessoas me enviaram notas de gratidão, orações e histórias extraordinárias. Durante aqueles poucos dias respondendo às postagens, ajudando as pessoas a se comprometerem novamente com sua trajetória espiritual, me senti cheia de luz e propósito. Eu me senti profundamente conectada à minha comunidade e repleta de alegria. Me desconectei de minha percepção do meu corpo físico, que poderia ser agredido e tive que me reconectar ao meu espírito, que é uma força do amor no mundo.

Três dias depois acordei cheia de amor. Em vez de pegar meu telefone ou pular da cama, imediatamente pensei: “Reze por aqueles que estão conectados a você.” Entrei em prece profunda. Comecei a enviar luz para minha comunidade. Rezei por eles para que tivessem paz de espírito, saúde, alegria e seu próprio despertar espiritual. Rezei por eles para se lembrarem da luz. Nunca senti tanta alegria na minha vida. Os comentários cheios de ódio no Facebook desapareceram e não tinham mais força. Eu realmente entendi que “milagres são vistos na luz".

Essa experiência me transformou. Redirecionar meu foco da negatividade e sentir como eu poderia ser útil para os outros foi o catalisador de um grande despertar espiritual. Eu poderia ver com clareza a luz e perdoar as projeções dos outros. Hoje posso dizer que sou profundamente grata às mulheres que estavam me odiando no Facebook. Elas me ofereceram uma missão espiritual divina e um milagre. Eu sei que elas podem sentir meu amor porque as libertei. Eu as amo por me mostrarem que a luz pode expulsar todo medo.

Nesta experiência, fui capaz de identificar meu próprio valor essencial. Percebi que o que valorizo mais em mim mesma é minha capacidade de ser uma presença de amor no mundo. Quando me deparei com a escuridão, fui capaz de acessar a luz ao ajudar outras pessoas a se sentirem bem. Passei a ver como quando estamos em um lugar de ressentimento ou reatividade, estamos simplesmente nos defendendo contra a luz. A única resposta para o medo é o amor.

Espero que minha história ajude-o a ver como é simples retirar o véu na escuridão dos pensamentos negativos e reivindicar sua luz. Você pode fazer essa escolha em qualquer momento. Quando se sentir intimidado, concentre-se em fazer outras pessoas se sentirem bem. Quando se sentir fraco, concentre-se em sua força para seguir sua trajetória espiritual. Quando estiver indignado com as injustiças do mundo, concentre-se nas práticas desse livro para voltar a sintonizar com a sua luz para mudar de uma energia de separação e voltar para o amor. Onde há escuridão, você pode levar a luz.

ORGULHE-SE POR ESCOLHER VER A LUZ

Quando você para de focar o corpo físico, consegue enxergar através das lentes do espírito. Você começará a se importar menos com os problemas que surgem e se importar mais com como escolhe lidar com eles. Toda vez que se perguntar: "Prefiro ver isso na escuridão ou na luz?" Você abre a porta para um milagre. Comece a avaliar sua maturidade espiritual não em quão fácil sua vida é, mas como você fica tranquilo quando as coisas dão errado. Comemore os momentos extraordinários em que você passa da identificação com o corpo para a com o espírito. Acompanhe os momentos de milagres e deixe a alegria de viver na luz envolver você. Quando tiver qualquer experiência de troca de medo por amor, você terá a prova espiritual de que visão espiritual é o que realmente quer.

MEDITAR NA LUZ

Pode ser difícil escolher a luz quando estamos viciados nos dramas mundanos. É aí que entra a meditação. Há um equívoco popular de que meditação só serve para aliviar o estresse ou acalmar seus pensamentos. Ela serve para isso — mas também para muito mais. Quando meditamos, podemos transcender a energia desse mundo e entrar num lugar de amor. A meditação se transforma em um caminho para a luz. Você entrega seu desejo à presença amorosa interior e pode ser guiado gentilmente do mundo de percepção para o mundo da luz. A meditação lhe oferecerá um alívio do apego e do medo. Isso pode soar misterioso, mas você saberá quando acontecer. Quanto mais resistência você liberar na sua almofada de meditação, mais conhecerá o mundo além de sua experiência física. Você pode deixar a cura acontecer, permitir que as ideias criativas surjam e deixar que um sentimento de gratidão o invada. Quero que saiba o alívio imenso e a alegria que surgem quando você medita na luz.

O caminho para sintonizar com o Universo começa com a quietude alcançada na meditação. Essa é uma quietude tão profunda que você esquece o mundo da percepção e entra no poder da sua luz. Na meditação você pode bloquear sua percepção de medo do mundo nem que seja só por um momento. Um momento é suficiente. Um momento de fé pode mudá-lo para sempre. Pela meditação, você estabelecerá sua própria experiência de luz além dos medos do mundo. Você vivenciará o milagre que o espera. Sua conexão com essa dimensão imaterial entrará em todos os cantos de sua vida. Ela o ajudará facilmente a manter um fluxo positivo de bem-estar e abundância para atrair mais do que você quer.

MEDITAÇÃO PARA RETIRAR O VÉU

Siga minha meditação para retirar o véu. Assim que terminá-la, abra seu diário e escreva sobre sua experiência com a luz. É importante documentar essa experiência para não esquecer.

Meditação para retirar o véu

(Para ouvir a versão grátis do áudio desta meditação, visite a página *GabbyBernstein.com/SuperAttractor* para um download gratuito.)

Encontre um lugar confortável para se sentar no chão, ou ereto em uma cadeira.

Feche seus olhos delicadamente e coloque suas mãos no seu colo, viradas para cima.

Inspire contando até cinco. Cinco, quatro, três, dois, um.
Expire contando até cinco. Cinco, quatro, três, dois, um.
Inspire contando até cinco. Cinco, quatro, três, dois, um.
Expire contando até cinco. Cinco, quatro, três, dois, um.

Continue esse ciclo de respiração e permita-se entrar gentilmente em um estado de paz.

Deixe seus pensamentos irem e virem. Não os julgue.

Continue inspirando e expirando em cinco.

Enquanto você respira, veja-se de pé na margem de uma ponte prestes a pisar nela. A ponte pode estar próxima ou afastada do chão.

Atrás de você tem uma nuvem de escuridão sombria. Você pode perceber que essa escuridão representa seu medo e percepção física do mundo.

Quando você olha para frente na ponte, vê uma luz brilhante e cintilante. Essa luz tem uma força energética que o atrai para ela.

Inspire profundamente e solte enquanto se rende a poderosa força energética da luz.

Deixe a luz atraí-lo para ela enquanto você cruza a ponte da escuridão para a luz.

Inspire e expire a cada passo.

Conforme você se aproxima mais e mais do fim da ponte, começa a observar que as sombras do mundo desapareceram.

(continua)

(continuação)

Você não consegue mais vê-las.

Respire profundamente e saia da ponte e entre no mundo da luz.

Agora tudo o que você vê é luz.

Nessa luz você não é o seu corpo, você é livre.

Você é um campo de energia de amor e luz.

Você é poderoso. Você está em paz.

Você está amparado.

Você é amado.

Você não tem nenhuma resistência passada e nenhum medo do futuro.

Tudo o que você tem nesse momento é a luz.

Permita-se ficar nessa luz pelo tempo que quiser.

Continue respirando lenta e profundamente, e deixe a luz te devolver para a verdade de quem você é.

Fique na luz e respire.

Quando você é chamado a sair de sua meditação, faça uma prece para si mesmo: "Milagres são vistos na luz. Escolho ver na luz e levo a luz comigo aonde quer que eu vá."

Respire fundo e solte. Quando estiver pronto, abra seus olhos.

Siga sua meditação, pegue seu diário e escreva livremente sobre sua experiência de ficar na luz. Documente o milagre de liberar o mundo de medo e aceitar o mundo de luz. Você descobrirá um grande mérito nesta prática porque ela será um meio de lembrá-lo de quem você realmente é.

Quando tiver terminado seu exercício de livre escrita, faça sua prece mais uma vez: "Milagres são vistos na luz. Escolho ver na luz e a levo comigo onde quer que eu vá."

Agora siga com o seu dia e leve a luz com você aonde quer que vá.

Essa meditação é suficiente para ajudá-lo a ver com luz. Você pode ter uma experiência de um episódio de luz ou mesmo experimentar uma sensação de amor e luz vindo até você na meditação. Não importa se você vê a luz com olhos materiais ou a sente como uma presença de cura. Você experimentará a luz do seu próprio jeito. Há muitas maneiras bonitas de vivenciar a luz. Confie no modo como ela vem para você e recorra a ela sempre que possível.

A maneira como retiramos o véu da escuridão e lembramos da luz baseia-se no poder do Universo para devolver nosso pensamento para o amor. Quando trocamos nossas descrenças pela fé, nos lembramos da luz. Quando meditamos, aquietamos nossa mente e liberamos resistência, lembramos da luz. Quando escolhemos compaixão em vez da agressão, lembramos da luz. Quando oramos pelo perdão, lembramos da luz. Quando escolhemos retirar o véu do medo, tudo que resta é luz.

LEVE A LUZ COM VOCÊ ONDE QUER QUE VOCÊ VÁ

Quando você começar a ver além do mundo baseado no medo, desejará se apoiar na luz sempre que possível. Isso ficará cada vez mais fácil. Você também se sentirá chamado para levar essa luz consigo aonde quer que vá. Você encontrará propósito e satisfação em ser um foco de luz na sua casa, no local de trabalho e na comunidade. Você pode até descobrir que as pessoas são mais atraídas por você em busca de apoio e orientação. Parece bom estar ao lado de alguém que está irradiando.

Nessa nova função, você pode sentir vontade de ajudar aqueles que estão sofrendo. Se for o caso, quando notar alguém lutando, será preciso que você resista à tentação de ficar ligado ao drama deles. Partes de você ainda podem se identificar com a necessidade deles. Mas, se atender a necessidade deles com mais necessidade, não poderá servi-los. A melhor maneira de ajudar alguém empacado no medo é abraçar o amor e ser a luz. Você deve atendê-los de um lugar de amor e confiar que sua energia de sentimento bom é suficiente.

O propósito de nossa alma é ajudar os outros e levar nossa luz onde quer que formos. Mas devemos conscientemente servir de um lugar de força e sintonia. Abraham-Hicks diz: "Você deve estar sintonizado com seu êxito quando oferece assistência e não sintonizado com seus problemas." A melhor maneira de ser útil aos outros é se sentir animado e disposto a guiá-los na direção das soluções em vez de ficar preso em seus problemas. Sua atenção com o êxito deles o sintoniza com o fato de eles também serem Superatrações. Sua visão deles nesta luz os ajuda a se lembrar quem eles realmente são. Ainda que não estejam prontos para receber a sua orientação, seus pensamentos positivos e sua energia são suficientes. Ver alguém em sua completude é o maior presente que você pode dar a eles. Às vezes, a melhor maneira de ajudar alguém a sair do medo é fazendo nada, visualizando-os envoltos em luz.

A LUZ ESTÁ ONDE ESTÁ SEU VERDADEIRO PODER

O poder verdadeiro está em sua conexão espiritual e sua capacidade de sintonizar com a energia do amor e a visão interior da luz. O poder verdadeiro não é alguma credencial mundana, status ou realização. Ser uma Superatração significa que devemos estabelecer as coisas que pensamos e que nos dão poder neste mundo. Todo o nosso "poder exterior" é de fato uma defesa contra a luz. Quando você tem pensamentos de amor e vê através das lentes da luz, encontrará um caminho por entre cada obstáculo. Não será mais páreo para negatividade, agressão, julgamento ou sofrimento. Viver com o verdadeiro poder espiritual significa viver na luz.

Espero que essas mensagens tenham te inspirado a começar a retirar o véu do mundo baseado no medo do sofrimento e aceitar um mundo de fé e amor. Ao encerrarmos este capítulo, quero lembrá-lo de não esperar viver na luz o tempo todo. Mesmo um momento fugidio de luz é suficiente. À medida que você acrescenta momentos, eles se tornam sua realidade. Lembre-se de que essa é uma prática para desfazer nossas percepções sombrias, nos lembrarmos de nossa luz e poder verdadeiro. Não acontece de repente, é importante comemorar os milagres ao longo do caminho. Toda mudança na percepção da escuridão para luz te traz para mais perto da verdade. Deixe essas mudanças chegarem naturalmente e permaneça comprometido com a luz.

No próximo capítulo, o ajudarei a sintonizar mais por meio do poder e da orientação espiritual. Quando você apoia a luz, se torna consciente da energia Universal que está sempre amparando você. A presença de orientação espiritual estava disponível para você quando criança, enfim, está na hora de reconectar-se a ela. Você será orientado a retirar o véu e retornar ao apoio amoroso de uma orientação que você uma vez acreditou. Abra seu coração e sua mente para ser receptivo e se tornar voluntário para ser amparado.

CAPÍTULO 6

ORIENTAÇÃO INVISÍVEL ESTÁ DISPONÍVEL PARA VOCÊ

Uma tarde, uma amiga querida me ligou. Na hora que ouvi sua voz soube que ela estava arrasada. Ela me contou que tinha terminado com seu namorado depois de ter tentado de tudo para o relacionamento dar certo. No fim, haviam questões fundamentais que eles simplesmente não conseguiram resolver. Por mais que a separação machucasse, o que realmente a assustava era que ela não sabia em que direção sua vida estava indo. Ela continuava dizendo: "Não acredito que estou passando por isso de novo?" Ela estava vulnerável, derrotada e sem esperança. Podia sentir sua angústia e mágoa pelo telefone. Ficou claro que ela estava totalmente fora de sintonia com sua fé no Universo. Tentei falar com ela sem medo e pânico, ajudando-a a enxergar as soluções que estavam disponíveis. Confiei na minha mente prática, aconselhei-a sobre onde morar, o que fazer sobre suas finanças e alguma mudança positiva que ela poderia fazer. Mas tudo isso só a deixou mais deprimida e sobrecarregada.

Depois de conversar mais de uma hora, fiquei emocionalmente exausta e frustrada com sua resistência. Eu estava tentando ajudar minha amiga, mas até então não estava conseguindo. Eu sabia que devia haver um jeito melhor e queria encontrá-lo. Sem pensar muito, me peguei perguntando: "Você pediu ajuda aos seus guias espirituais?"

Depois de uma pausa, ela disse: “Não, nem pensei nisso... mas para falar a verdade, Gabby, nunca recorro aos guias espirituais em situações como essa.”

Contei a ela sobre minha própria experiência com guias espirituais, como nunca tomo uma decisão ou faço qualquer transição na vida sem antes ouvi-los. Compartilhei com ela que acredito que há muitos guias espirituais que estão sempre trabalhando em nosso benefício. Todos nós temos nosso próprio anjo da guarda, que está lá para nos proteger e guiar. Também temos familiares, professores e amigos que já partiram e podem nos ajudar. Há arcanjos, cujo único propósito é fazer com que nossos pensamentos e energia voltem a sintonizar com Deus. Há vários outros guias espirituais e anjos que estão lá para nós, sempre que chamarmos. Falei sem parar de como me conecto com meus guias e como rapidamente recebo ajuda deles.

Depois de vários minutos de rapsódia de meus guias espirituais, minha amiga disse: “Uau, isso parece tão *empoderador*. Eu realmente amo a ideia de ser capaz de pedir ajuda.” Pude sentir que sua energia tinha mudado. Havia alívio no lugar de desespero. Ela estava pronta para entregar sua vontade aos cuidados de seus guias e ao desejado do amparo espiritual. Quando terminamos nossa conversa, ela parecia outra pessoa. Sei que seus guias estavam trabalhando por meu intermédio para lembrá-la de sua presença. No momento em que ela aceitou o amparo, começou a se sentir melhor.

No dia seguinte, ela me ligou de novo. “Você não vai acreditar” — ela disse — “Segui seu conselho e pedi ajuda aos meus guias espirituais. Não tinha ideia de com quem eu estava falando, mas pedi ajuda assim mesmo. Então aconteceu a coisa mais extraordinária. Do dia para a noite, tudo começou a dar certo para mim. Recebi um e-mail sobre um trabalho freelance e dei o próximo passo no planejamento de uma viagem que venho adiando. Até sinto mais paz em relação ao meu término. Meus guias trabalham rápido!”

“Sim! É o que seus guias querem” — disse a ela. “Seu único propósito é sintonizar seus pensamentos e energia com o amor do Universo. Quando você está sintonizada dessa forma, você é uma Superatração. É assim como tudo se encaixa."

Os guias espirituais têm sido sempre uma parte muito importante na minha vida, mas essa é a primeira vez que escrevo sobre eles em um livro. Falei de orientação do Universo e Deus, mas nunca dei voz completamente à presença de meus guias invisíveis. Sempre me preocupei se eu podia assustar as pessoas ou fazer alguém se sentir obrigado a compartilhar de minhas crenças. Como disse no capítulo anterior, senti um chamado para provocar o envoltório metafísico e falar aberta e assumidamente sobre a esfera espiritual. Sei que o mundo está pronto para abrir-se para novas maneiras de orientação. Quando estamos dispostos a ver um mundo além de nossa visão física, então a vida fica mais fácil, nos sentimos mais protegidos e conseguimos acessar nosso poder verdadeiro. Aceito que você rejeite os conceitos e as lições neste capítulo. Você pode não acreditar em guias espirituais, ou talvez tenha suas próprias crenças que são contrárias às minhas. Ou talvez esse conceito lhe seja totalmente novo. Eu acolho sua rejeição, mas peço-lhe que se mantenha aberto. Meu objetivo nesse livro e com tudo que crio é ajudá-lo a abrir sua mente para um relacionamento espiritual de sua própria compreensão. Nunca penso em impor minhas ideias a você, mas é meu dever sempre oferecer-lhe o que sei ser verdadeiro para mim.

Então lá vai. Acredito que há seres da mais alta compaixão e verdade trabalhando em nosso benefício para devolver nossos pensamentos e nossa energia para o amor. Eles não são materiais e não estão sujeitos às leis desse mundo. São seres espirituais. Esses guias surgem de muitas formas e com diferentes propósitos. Mas seu objetivo comum é nos fazer voltar a sintonizar com o amor do Universo. Quando você fica preso em um pensamento baseado no medo ou preceito, pode pedir ao seus guias para levá-lo de volta para o amor. Para receber a orientação deles, tudo que é preciso é sua disposição para entregar seu medo e enxergar com visão espiritual.

Aprendi a confiar nesses guias invisíveis em todas as áreas da minha vida. Saber que existe uma presença sempre me amparando me deu força e uma fé inabaláveis. Houve vários momentos em minha vida em que testemunhei a intervenção divina de meus guias. Um momento que compartilhei anteriormente no dia 2 de outubro de 2005, foi o dia que escolhi ficar sóbria. Cheguei no fundo do poço com meu vício. Eu era uma mulher de 25 anos, viciada em drogas, chorando no chão do meu estúdio. No fundo do poço, encontrei forças para pedir ajuda. Eu disse: "Deus, Universo, seja quem for que estiver por aí, preciso de um milagre."

Na hora, ouvi uma voz interior poderosa dizer: "Fique limpa e viverá uma vida além de seus sonhos mais arrojados." A voz era tão clara e inegável que tive que ouvi-la. Fiquei sóbria naquele dia e continuei seguindo a orientação espiritual que recebi. Eu acreditava que esses guias trabalhavam por intermédio de outras pessoas sóbrias e meu grupo de reabilitação para me manter limpa. Minha vontade discreta para entregar meu vício era tudo o que era preciso para eu ser conduzida a um caminho de recuperação para a vida toda. Todo dia, toda hora, eu seguia essa orientação e ela me levou para cura verdadeira. Hoje eu vivo verdadeiramente além de meus sonhos mais arrojados. Sei que essa voz interior que ouvi era a do meu guia espiritual. Meus guias estavam pacientemente esperando que me dispusesse a abrir as portas para a sua presença. Nossos guias estão sempre preparados para nos ajudar, mas temos que pedir. Sem nossa vontade, podemos facilmente perder toda a orientação que nos rodeia.

Há muitas maneiras de receber mensagens dos guias espirituais. Quando abrimos nossa consciência para receber amparo espiritual, a orientação espiritual mais extraordinária surgirá para nós. Você pode ouvir uma voz audível ou experimentar uma sabedoria interior. Pode sentir a presença de uma energia tranquila invadindo a sala. Em alguns casos você vai se sentir fisicamente compelido a fazer algo. Pode receber a orientação em um sonho, ou acordar no meio da noite para receber uma mensagem. Os guias têm o poder de trabalhar por meio da tecnologia, e amam usar mídias sociais para direcioná-lo e sinalizar aquilo que você precisa. Seus guias o encontram onde você está! Eles têm seus próprios meios de levar seus pensamentos de volta para o amor (Deus). Por exemplo, recentemente relutei em perdoar alguém que me ofendeu. Fiquei obcecada pelas percepções de medo, julgamento e separação. Esqueci de enxergar pelas lentes do amor. Meus pensamentos de desamor me mantiveram em um ciclo escuro de negatividade. Finalmente me cansei da minha falta de perdão e fui em busca da ajuda de meus guias. Pelo intermédio de uma prece eu disse simplesmente: "Obrigada guias da mais alta compaixão e verdade por me fazer olhar para essa pessoa com pensamentos de amor." E foi isso. Entreguei-as para os meus guias para me mostrarem o que fazer. Cerca de 24 horas depois comecei a receber orientação.

Estava olhando no Facebook quando uma postagem dessa pessoa apareceu no meu feed. Normalmente passo rápido ou julgo o que ela escreveu. Mas hoje foi diferente. Senti um chamado interior para ler sua postagem. O que ela compartilhou nesse dia era exatamente o que eu precisava ouvir para perdoá-la completamente. Ela estava compartilhando muito vulneravelmente sobre suas próprias lutas e tudo pelo que passou. Estava mostrando uma humanidade que nunca tinha visto antes. Naquele momento, fui capaz de ver pelas lentes do amor e da compaixão, em vez de lentes defensivas e de medo. Fui capaz de enxergá-la com a visão espiritual. Sei que foram meus guias que me levaram a postar naquele dia. Quando tive a intuição para ler sua postagem, sei que estava sendo amparada energeticamente. Neste caso eles me deram instruções claras para vê-la com amor — e aceitei a orientação por estar aberta a receber suas instruções. Uma vez que você esteja disposto a entregar seu medo para seus guias, eles começarão a retirar o véu do medo e da escuridão, restaurando sua conexão espiritual e te levando de volta para a luz e o amor.

Lembre-se, todos os nossos guias compartilham um objetivo principal: nos conduzir pela ponte do mundo do medo de volta para a esfera espiritual do amor. Eles podem nos ajudar a chegar lá de várias maneiras. Neste capítulo, compartilho várias maneiras pelas quais podemos sentir a presença da orientação.

Algumas dessas formas de orientação podem ser conhecidas suas, enquanto outras podem ser conceitos novos. Fique atento aos tipos de orientação que te iluminam. Talvez você nunca tenha ouvido falar de arcanjos, mas quando lê sobre eles, sente uma forte conexão. Pode acreditar. O que for que o ilumine está falando para você e uma nova orientação começou.

O AMOR DO UNIVERSO

Nossa sabedoria interna e guias espirituais levam nossos pensamentos de volta para o que geralmente me refiro como o amor do Universo. Essa é a energia que sintonizamos quando estamos harmonizados com pensamentos e sentimentos de amor. Quando estamos sintonizados com o Universo, estamos conectados com nosso poder de Superatração. Algumas pessoas se referem a essa energia de amor como Fonte ou Deus. Penso no amor do Universo como uma energia poderosa e onipresente. Quando você faz qualquer uma das preces ou meditação desse livro, está sintonizando sua energia com o amor do Universo e essa força atua de maneiras criativas para levá-lo na direção do bem maior.

Às vezes, quando nos sentimos presos, bloqueados ou realmente deprimidos, temos dificuldade para sentir nossa conexão com o Universo e não conseguimos voltar completamente a ter fé. Estes são os momentos em que precisamos de orientação espiritual. Então pedimos amparo espiritual por meio de preces, que vão nos conduzir às experiências de vida que nos ajudarão a voltar a ter fé. *Um Curso em Milagres diz:* "Prece é o caminho para milagres." Quando fazemos preces, entregamos nossa vontade para o amparo espiritual. Abrimos uma porta invisível, convidando o espírito para entrar e nos guiar de volta para o amor. Não há uma única maneira de sintonizar com o amor do Universo, então permaneça aberto para descobrir as maneiras únicas que você receberá orientação. Lembre-se, o objetivo é entregar nossos planos e abrir-se para um relacionamento espiritual de nossa própria compreensão para voltarmos ao amor.

SEU EU SUPERIOR

Quando fazemos prece, retiramos o véu de nossas percepções de medo e acolhemos amor. A orientação que recebemos por meio de prece se apresenta de várias maneiras, incluindo uma sensação de conhecimento ou uma voz interior da intuição. A princípio, essa voz interior pode parecer como um sussurro, mas quanto mais você chamá-la, mais fácil será escutá-la. Em última análise você reconhecerá esta líder de torcida interior como a voz do Seu Eu Superior. Este está sempre pronto para falar, mas ele deve ser ouvido. Quando você está imerso no medo, controlando energia e incerteza, está bloqueando seu Eu Superior.

Aqui está uma prece que o ajudará a sintonizar com a sabedoria profunda de Seu Eu Superior: *Entrego meu medo e permito que a voz do Meu Eu Superior me guie para o bem maior.* Faça essa prece ou fique à vontade para fazer uma sua.

Quando você medita, faz prece e sintoniza com a energia do amor, está se tornando o seu Eu Superior. Quando você chama um anjo, espírito, Deus ou o amor do Universo, está pedindo para ser guiado de volta para o seu Eu Superior. Está pedindo para se lembrar da verdadeira essência de quem você é. Os guias espirituais estão sempre prontos para levá-lo de volta para esse conhecimento interno intuitivo e fé no amor. Quando eu te apresentar os vários tipos diferentes de guias, lembre-se de que o trabalho deles é levá-lo de volta para o seu Eu Superior. Se o conceito de guias espirituais não te toca, então saiba que você pode voltar para o seu Eu Superior quando quiser, para mudar sua percepção por meio da prece, meditação ou qualquer outra prática espiritual. A sabedoria do amor do seu Eu Superior está sempre lá. Você só precisa sintonizar com ela.

ANJOS E ARCANJOS

Anjos são extensões de amor em uma missão para guiá-lo de volta para o seu Eu Superior e fortalecer sua conexão com o Universo. Eles o protegem, o guiam e oferecem sabedoria interior e mensagens de cura. Os anjos não são denominacionais e te ajudarão em qualquer forma espiritual ou religiosa que você se identifique.

Muitos textos espirituais referenciam sete arcanjos principais. O mais conhecido é o Arcanjo Miguel, ele é o maior e o mais poderoso protetor dos arcanjos. É importante chamar Miguel quando se está precisando de proteção de qualquer tipo. Por exemplo, se está com medo ou preocupado com sua segurança, Miguel estará lá para ajudá-lo. Você pode chamar por Miguel em um momento de crise e ele oferecerá ajuda imediata de um jeito que o tocará. Miguel oferece muita coragem e orientação quando se está desorientado. Ele ama ver seus curadores em ação. Muitas vezes, sinto a presença de Miguel ao ver um vislumbre de azul cobalto. Às vezes posso até sentir sua presença, como se a sala estivesse expandindo e uma energia imensa entrasse no local. Miguel se manifesta se você estiver aberto para conhecê-lo.

O Arcanjo Rafael é o anjo conhecido por ajudar na cura física. Ele trabalha para ajudá-lo quando você está doente, e se você é um curador ou profissional da saúde, ele está sempre ao seu lado amparando seu trabalho importante. Rafael o ajudará a se curar por meio de ideias novas e informações recentes ou mesmo guiá-lo para o médico correto para estabelecer seu plano de cura. Quando se trata de doença mental ou vício, Rafael o guiará para a cura de sua doença e o ajudará a recuperar sua paz. Ele o conduz para harmonia interior e bem-estar físico.

O Arcanjo Gabriel é conhecido como o anjo da comunicação, servindo como um mensageiro de Deus. Normalmente, invoco Gabriel quando escrevo e falo. Ele ajuda artistas, escritores e professores a transmitir suas mensagens de modo autêntico e significativo. Gabriel virá para ajudá-lo quando você estiver procrastinando ou com problemas de comunicação. Ele também é um guia poderoso em relação às crianças. É o anjo chamado quando o problema é dificuldades na concepção, gravidez ou no parto. Quando eu estava tentando engravidar, continuei enviando mensagens para Gabriel para que eu estivesse no caminho certo. Um desses sinais foi um lírio. O Arcanjo Gabriel é sempre retratado segurando lírios. Durante minha tentativa de engravidar, eu poderia pedir a Gabriel para me mostrar um lírio para eu saber que estava no caminho certo. Certa tarde, abri minha correspondência e um leitor tinha me enviado um bonito bilhete manuscrito. No final do bilhete, ele escreveu: "Coloquei no envelope um cartão com uma prece. Tive uma forte intuição de que isso era para você." Abri o envelope e o cartão de prece dentro do envelope tinha uma imagem do Arcanjo Gabriel segurando lírios. Esse sinal foi um dos muitos lírios durante minha tentativa de engravidar. Se estiver lutando com a comunicação ou motivação, ou se está precisando de ajuda com uma criança, então peça ajuda ao Gabriel. Você pode até receber um inesperado buquê de lírios!

Se você é um amante dos animais ou ativista ambiental, desejará se conectar com o Arcanjo Ariel. Ela é conhecida como uma anja, guardiã dos recursos naturais, do ecossistema e de todos os animais da Terra. Chame Ariel quando quiser se conectar mais fortemente com a natureza. Convide-a para acompanhá-lo em uma caminhada, um passeio no parque ou um mergulho no mar. A presença dela lhe dará uma maior conexão com a natureza e lhe mostrará como você pode contribuir para a sua conservação.

Então há o Arcanjo Jofiel, o arcanjo que apoia artistas e criativos. Jofiel o ajudará a manter seus pensamentos puros e a resolver problemas. Ele traz calma para as nossas vidas e afasta o caos. Ao utilizar as práticas deste livro, peça a Jofiel que lhe ajude a manifestar a beleza que você deseja na sua vida e mente. Ele estará sempre lá para ajudá-lo a mudar sua percepção e guiar seus pensamentos de volta ao amor. Quando você precisar de uma nova perspectiva ou de ajuda com um projeto criativo, invoque a ajuda de Jofiel.

O Arcanjo Azrael é conhecido por auxiliar as pessoas quando elas estão morrendo e ajudar suas almas a se adaptarem à esfera espiritual. Ele também tem um papel muito importante em ajudar as pessoas a curarem sua dor quando elas perdem um ente querido. Se você é um mentor espiritual ou um guia religioso que ajuda as pessoas a se recuperarem do luto, certifique-se de invocar Azrael para trabalhar com você e proteger sua energia para que você não absorva sua tristeza. Mas ele não ajuda apenas com a transição final. Se você está passando por *qualquer* tipo de mudança na vida, pode pedir orientação a Azrael.

Finalmente há o Arcanjo Samuel, cuja missão é trazer paz ao mundo. Recomendo invocar Samuel quando estiver sofrendo de ansiedade ou em crise num relacionamento. Ele nos ajuda a lidar com a adversidade e nos encoraja quando nos sentimos derrotados e sozinhos. A presença de Samuel é especialmente importante hoje, pois enfrentamos muitos desafios relacionados à divisão, adversidade e separação dentro das comunidades.

Agora que você já está ciente desses arcanjos e suas missões, tire um tempo para escolher um anjo que você possa querer chamar. Talvez você queira se conectar com vários anjos. Você pode invocar quantos anjos desejar e com a frequência que quiser. Eles estão esperando para se conectar com você e amam vir em seu auxílio. Você não precisa ver fisicamente um anjo ou ouvi-lo sonoramente para saber que eles estão te guiando. Muitas vezes, você experimentará a orientação deles como um instinto conhecido ou uma forte orientação intuitiva. Os anjos falam com você de várias maneiras, para entender suas mensagens, fique atento aos seus sentimentos e sua intuição. Deixe que esses relacionamentos o beneficiem, o guiem e o aproximem mais do amor do Universo.

ANJOS DA GUARDA

Cada um de nós tem um anjo da guarda, que é responsável pela nossa evolução espiritual. A missão deles é servir, guiar e proteger enquanto ajudam a promover sua evolução em seu caminho espiritual. Ao contrário dos arcanjos, seu anjo da guarda trabalha exclusivamente com você. Eles o amam incondicionalmente e sempre estão ao seu lado. Como os arcanjos, os anjos da guarda estão sempre disponíveis para nós, mas eles não interferem em nossa vida a menos que os convidemos por nossa própria vontade ou em caso de risco de vida que ocorra antes da nossa morte prematura. Nosso anjo da guarda está sempre de plantão, pronto para atender quando os convidamos.

Quando você está em dificuldades, chame seu anjo da guarda para ajudar. Eles são altamente sensitivos e podem absorver suas emoções para ajudá-lo em tempos difíceis. Nos momentos críticos da vida, quando estamos profundamente desesperados, podemos sentir que há uma presença ao nosso lado — mesmo que essa sensação seja muito sutil. Esse sentimento é o nosso anjo da guarda.

Em uma ocasião particularmente difícil em minha vida, experimentei uma forte conexão com meu anjo da guarda, Pedro. Sua presença está sempre comigo, mas posso senti-lo principalmente quando estou em dificuldades. Em 2016, durante minha sessão de terapia, me lembrei de eventos traumáticos da infância dos quais me dissociei. Esse momento de lembrança me levou para um estado profundo de depressão. Eu fiquei revivendo o trauma e apavorada com os sentimentos que estava experimentando. Por muitos meses tive dificuldades para dormir, sair da cama ou até escovar os dentes de manhã. Eu estava desconectada do meu espírito e do meu corpo. Uma noite, eu não conseguia dormir e fui para o sofá da sala, assim não perturbaria meu marido. Deitada no sofá, bem acordada e abalada pelo trauma, caí em prantos. Eu soluçava e lamentava. As lágrimas me trouxeram alívio e me ajudaram a acabar com minha resistência. Quando comecei a me acalmar, senti como se estivesse em um abraço caloroso. Uma sensação de que braços fortes me abraçavam gentilmente, e uma energia amorosa e acolhedora me envolveu. Então ouvi uma voz interior revelar: "Estou aqui com você, querida." Eu soube na hora que essa presença amorosa era meu anjo da guarda, Pedro. Seus braços me envolveram e me trouxeram muita paz e muito conforto.

Os anjos da guarda são nossos maiores protetores. Pedro está sempre lá para mim quando preciso de sua proteção e amparo. Quando estou prestes a me sentar em uma mesa de autógrafos e cumprimentar centenas de pessoas, peço a Pedro para ficar ao meu lado. Eu o vejo como um guarda-costas e "servidor" particular. Ele me protege para que eu consiga manter minha energia durante o evento. Eu nunca faço nada desafiador sem convidá-lo, Pedro me ampara a cada passo do caminho.

AMIGOS DO PASSADO

Orientação espiritual também pode vir de amigos do seu passado que faleceram. No começo de minha recuperação, tive uma amiga querida chamada Lauren. Ela era uma linda mulher de 26 anos que estava sóbria desde os 18. Lauren foi uma mentora incrível em minha recuperação e incorporou muito do que eu queria atrair na minha vida. Ela estava estudando para ser life coach [coach de vida, em tradução livre], tinha centenas de livros de autoajuda em seu pequeno apartamento em Nova York. Uma tarde, Lauren saiu para correr no parque com seu namorado e teve um infarto. Nesse dia, perdemos um anjo humano. A morte dela foi um choque para mim, mas a nível espiritual, sei que nossa amizade não acabou. Assim que soube de sua morte, não tive dúvidas que ela seria um grande guia espiritual. Tive a sensação de que sua orientação seria especialmente para mulheres jovens que tentavam se manter sóbrias ou trilhar o caminho espiritual. Minha intuição me dizia claramente que ela ajudaria muitos de nós.

Sua família generosamente disse que os amigos mais próximos dela fossem ao seu apartamento e pegassem os itens que mais a lembrassem. Fiquei grata por isso. Quando entrei no apartamento dela, vi suas prateleiras cheias dos livros espirituais mais incríveis. Quase todas as páginas estavam dobradas e com notas escritas nas margens. Ela amava seus livros! Ouvi minha intuição dizer: "Leve esses livros com você e dê eles aos seus amigos de coaching. Use-os em suas aulas." Confiei nessa orientação, então empacotei as caixas de livros e desci com elas vários lances de escada para a minha casa.

Lauren sempre foi um guia para mim, especialmente quando comecei minha jornada como escritora. Lembro-me de quando acabei de vender meu primeiro livro: *Add More ~ ing to Your Life.*

Estava apavorada porque ainda não sabia como escrever um livro. Eu precisei aprender sobre estrutura, esboço e contação de histórias. Precisei de um editor para me manter no caminho. Mas eu não tinha a menor ideia de como fazer isso. Uma noite, deitada, acordada e cheia de medo de não dar conta de escrever um livro inteiro, rezei por orientação espiritual. Pedi aos meus guias que me orientassem na direção dos recursos e apoio para concluir esse primeiro livro. Eu sabia que estava em uma missão e estava disposta a ser guiada para fazer o trabalho. Depois de fazer essa prece, me senti muito mais calma sabendo que havia auxílio a caminho. Meu corpo e minha mente relaxaram e adormeci.

Às duas da manhã acordei de repente. Senti um chamado interior para sair da cama e ir até minha estante. Nessa época eu estava morando em meu estúdio e uma das paredes era uma estante enorme, repleta de livros espirituais de autoajuda. Ainda meio adormecida, senti minha mão ir direto para um livro chamado *Vivendo na Luz,* da autora e professora espiritual Shakti Gawain. Voltei para cama e li o livro todinho! *Vivendo na Luz* era o livro exato que precisava ler para entender como escrever uma obra de autoajuda espiritual. Amei o quão simples Shakti explicou os princípios e como foi fácil seguir seu esboço. Esse livro era o guia que eu precisava para começar a escrever com confiança meu próprio livro.

Provavelmente não será uma surpresa que o livro veio da coleção de Lauren! Eu sei que foi Lauren quem me guiou para esse livro e ela continua me guiando até hoje. Dediquei o *Add More ~ ing to Your Life* à Lauren, porque sabia que sua orientação seria determinante para me ajudar na conclusão da minha primeira grande realização literária.

ORIENTAÇÃO PARA SUA FAMÍLIA

Um dos meus guias mais amados é a minha avó Fritzie. Minha avó faleceu aos 93 anos, após complicações resultantes de uma queda grave. As semanas que antecederam sua morte foram um verdadeiro desafio porque, embora ela estivesse com todas as suas faculdades mentais, seu corpo estava falhando. Depois do acidente da minha avó, minha mãe e eu tivemos que decidir se o médico devia operar o ombro lesionado dela ou deixá-la viver à base de medicação para aliviar a dor. Minha mãe e eu passamos duas semanas agonizando com o problema. Vovó era uma mulher vibrante, perspicaz que nunca quis viver à base de medicação pesada. E era óbvio que cirurgia era uma péssima ideia devido à sua idade avançada.

Duas semanas após a queda de minha avó, eu estava me preparando para apresentar um workshop de seis dias em um centro de retiros à uma hora de minha casa. Minha equipe estava esperando por mim para colocar as malas no carro e pegar a estrada. Eu me desculpei e disse: “Sei que não é o momento ideal, mas sinto que preciso meditar.” Sentei em meu quarto e comecei a meditar. Em alguns minutos me desprendi de meu corpo e entrei em outro mundo. Minhas mãos se elevaram no ar e minha cabeça se inclinou para o céu. Senti uma energia poderosa percorrendo meus braços, como se eu estivesse mandando alguém embora. Senti como se estivesse facilitando um trabalho importante. Essa foi uma das meditações mais profundas e poderosas que já vivenciei.

Após 10 minutos, senti meu corpo liberar a energia e me sentei de volta na minha cadeira. Ciente de que precisava sair, juntei minhas coisas e peguei a estrada. Quando eu estava prestes a passar pela porta, meu telefone tocou. Era minha mãe e sua voz estava triste. Ela disse: “Vovó acabou de falecer alguns minutos atrás.” Comecei a chorar de alegria, de gratidão por ter estado lá com ela. Eu sabia que ela me pediria para ajudá-la a se liberar do seu corpo físico. Fiquei extremamente feliz também que ela escolheu partir e não sofrer no corpo físico. Eu fiquei dizendo: “Estou muito feliz por ela. Estou muito feliz por ela.”

Essa informação era muita coisa para digerir enquanto eu precisava ir para meu treinamento. Visando estar bem para conduzir meu evento, eu sabia que teria que dedicar um tempo apropriado para vivenciar o luto quando o treinamento acabasse. Eu queria dar à minha avó o respeito e o tempo que ela merecia. Todos os dias do treinamento, mantive minha avó no meu pensamento. Por meio de preces, pedi a ela para me dizer se sua passagem havia sido tranquila e pacientemente esperei sua resposta. O treinamento acabou e, na volta para casa, parei na casa de minha amiga Zoe. Me sentei à mesa de jantar com Zoe e outra amiga, Jenny, e conversamos. Zoe estava animada para me mostrar seu novo baralho de oráculos, mas uma ligação me distraiu momentaneamente. Enquanto eu estava ao telefone, Jenny tirou uma carta para mim. Quando saí da ligação, as duas ficaram sentadas em silêncio enquanto compartilhavam comigo a carta que tinha sido retirada. Retratada nela estava uma imagem de uma idosa caminhando em uma ponte. A legenda dizia: "A vovó garante a travessia segura." Olhamos uma para a outra enquanto lágrimas rolavam pelo nosso rosto, sentindo o esclarecimento profundo com o qual minha avó tinha se comunicado. Ela esperou até que eu estivesse pronta para receber a mensagem e tinha se manifestado por intermédio de Zoe e Jenny para se certificar que eu a recebesse!

Nesse momento começou uma conexão muito verdadeira entre minha avó e eu, que continuou se fortalecendo ao longo do tempo. Eu sempre sinto que vovó está do meu lado e pronta para interceder sempre que eu precisar. Posso sentir sua presença junto a mim e, constantemente, recebo belos sinais dela. Consigo ouvi-la dizendo: "Amo você, minha querida."

Você pode ter um parente próximo ou amigo que já faleceu. Por favor deixe essa história inspirá-lo a começar um relacionamento espiritual com ele. Muitas vezes, é devastador para nossa humanidade perder um ente querido. Mas há um grande alívio quando você acolhe um relacionamento espiritual além de sua visão física. Comece uma conversa com seu ente querido, e peça a ele para lhe dar um sinal de que está com você. Você ficará maravilhado com as maneiras como ele se manifesta. Você pode sentir seu perfume, ser guiado para o seu livro predileto ou ouvir o nome dele por meio de uma música. Fique atento à orientação que ele envia para você e saiba que eles estão sempre a seu lado. Entes queridos e familiares falecidos são alguns dos nossos maiores guias. Quando nos conectamos a eles, eles conectam nossos pensamentos de medo de volta para o amor e nos ajudam a viver como Superatrações. Eles nos guiam para o que desejamos, que é o bem maior para a nossa evolução espiritual. Deixe-os entrar e fortaleça seu relacionamento por meio de preces, meditação e conversa diária.

GUIAS PODEM SER PROFESSORES DO SEU PASSADO

Um dos meus guias professor é meu falecido amigo e mentor Dr. Wayne Dyer. Em minhas meditações Wayne é um dos guias espirituais mais evidentes. Ele é um dos guias espirituais mais claros. Ele irrompe e oferece orientações claras e cristalinas. Ele também me usou como um canal para se comunicar com suas filhas Serena, Saje e Skye, de quem sou amiga.

Quando Wayne começou a me mandar mensagens para eu transmitir para suas filhas, hesitei em fazer contato com ele. Questionei as mensagens e não queria ofendê-las ao sugerir que poderia ouvir orientação de seu pai. Mas Wayne não me deixaria ficar calada. Uma tarde, depois de canalizar Wayne, abri meu Instagram e vi uma bela foto dele que sua filha Serena postou. Eu sabia que a foto era um sinal de que ele estava de fato querendo se conectar comigo. Então comentei na foto e enviei meu amor para Serena.

Uma hora depois recebi um texto dela dizendo: "É tão doido que você comentou na minha postagem. Pensei em você o dia todo. Não consigo tirá-la da minha cabeça!" Eu disse: "Também pensei em você." Porém não fiz nenhuma menção ao Wayne. Uma hora mais tarde recebi uma mensagem de texto de uma médium chamada Karen, que trabalhou com a família Dyer para conectá-la a Wayne. Ela disse: "Preciso falar com você." Eu mal conhecia Karen e estava um pouco chocada pela urgência no texto dela, então liguei para ela imediatamente. Quando começamos a conversar ela disse: "Não sei por que, mas sinto uma urgência muito grande em falar com você." Eu falei: "Teria alguma coisa a ver com Wayne? Ele tem aparecido em minhas meditações por semanas e tem muitas mensagens para as filhas. Ele continua me dizendo que Serena é a voz que precisa transmitir a mensagem dele." Ela disse: "Isso mesmo! Eu estava canalizando Wayne hoje e ele disse que Serena seria sua voz." Nesse momento divino ficou claro para mim que Wayne estava trabalhando por meio de Karen para me certificar de que as mensagens que eu estava recebendo eram de fato dele. Assim que terminei minha ligação com Karen, fiz uma vídeo conferência com Skye e Serena para falar com elas do ocorrido. Passei uma hora canalizando Wayne para que ele pudesse oferecer orientação para elas por meu intermédio. A presença de Wayne é uma das energias mais fortes que posso me conectar e sou profundamente grata por essa orientação. Wayne também deixou claro que está disponível para qualquer um que queira se conectar com amor e luz.

RECEBA SEUS GUIAS PARA A FESTA QUE É VOCÊ

Se você não teve experiências como essas, eu o convido a manter a mente aberta. Se você está disposto a se conectar com seus guias espirituais, as etapas abaixo iniciarão seu relacionamento, o manterão seguro, melhorarão sua vida e o ajudarão a ser uma Superatração.

Estar disposto a se conectar com seu guia espiritual abre portas para a orientação, mas fique atento para não deixar a porta escancarada para qualquer guia entrar. Pense desse jeito: Você vai dar uma festa e quer que somente as pessoas mais alto astral e afetuosas apareçam. Desta forma, você faz uma lista e garante que não seja convidada qualquer pessoa que não tenha afinidade com você. Da mesma forma, receber seus guias na sua mente requer um convite. Se você não for claro sobre o tipo de guias que está disposto a se conectar, então é possível atrair seres espirituais de baixa vibração que não servem ao seu bem maior. Você decide quem quer convidar para a festa que é você. Meus mentores mediúnicos me ensinaram que a melhor maneira de começar a conexão com nossos guias é fazendo uma prece. Eu normalmente faço assim: *"Obrigada, guias de verdade e compaixão mais elevadas, por me revelarem o que eu preciso saber."*

SEUS GUIAS ESTÃO ESPERANDO PELO SEU CHAMADO

É importante reiterar que guias e anjos podem intervir na sua vida somente quando você pedir ajuda a eles. Receber orientação espiritual depende do seu livre arbítrio. Cabe a nós aceitarmos ou não sua orientação. Minha querida amiga MaryAnn DiMarco, médium e autora do *Believe, Ask, Act*, diz: "Guias espirituais abrem a porta para nós. É escolha nossa deixá-los entrar ou não."

Uma boa maneira de começar é se apresentando para o seu anjo da guarda. Fique confortável num espaço privado onde você não seja interrompido. Tenha um bloco de notas ao seu lado. Delicadamente feche seus olhos e comece a respirar lenta e profundamente. Silenciosamente peça para o seu anjo da guarda que se revele a você. Então comece qualquer tipo de meditação de relaxamento que você costuma usar para se acalmar, se concentrar e se conectar ao Universo (Se quiser minha orientação com essa meditação, visite *GabbyBernstein.com/SuperAttractor* para minha meditação de invocação do seu anjo da guarda.) Sente-se confortavelmente em sua meditação pelo tempo que desejar. Em sua meditação você pode ouvir o nome do seu anjo da guarda como uma intuição, um som audível ou uma orientação para escrevê-lo no seu diário. Se por alguma razão você não receber o nome em sua meditação, confie que está chegando. Você pode descobrir que horas depois um nome virá por meio de uma música ou um outdoor ou em algum outro meio inesperado. Há várias maneiras em que seu guia pode revelar o nome dele. Confie que quando recebê-lo, intuitivamente saberá quem ele é. Não questione o nome que recebe, mesmo que ele pareça estranho para você. Não fique surpreso se começar a sentir a presença dele à sua volta. Ele está tão animado que você o convidou que ele pode querer se tornar conhecido. Esse é o começo de um belo relacionamento de amparo que o guiará para a vida toda.

CONECTE-SE COM SEUS GUIAS

Depois de ser apresentado aos seus guias, há várias maneiras de pedir ajuda a eles. Uma das mais fáceis é simplesmente enviar um pedido silencioso de ajuda. Por exemplo, se você está preso a pensamentos de medo, pode dizer: "Obrigada, guias de verdade e compaixão mais elevadas, por me ajudarem a curar esse medo e voltar para o amor." Ou, se quiser ser mais específico e trabalhar com um determinado anjo da guarda, você pode dizer: "Obrigado, Arcanjo Miguel, por me ajudar a passar por esta situação assustadora. Eu recebo sua orientação e proteção." Ou, se você estiver conscientemente conectado ao seu próprio anjo da guarda, pode chamar o anjo diretamente. Esses pedidos gentis são o mesmo que uma prece. Suas preces são intenções para receber ajuda. Confie que sua intenção positiva é suficiente para revelar orientação espiritual profunda. Gosto de começar essas preces com palavras de "agradecimento" porque elas me lembram que a orientação está a caminho.

Descobri que é muito eficaz me conectar com meus guias por meio da escrita. Muitas vezes me sento em meditação silenciosa com meu diário do meu lado. Antes de começar minha meditação, escrevo minha intenção no alto da página. Eu escrevo: *Obrigada, guias de verdade e compaixão mais elevadas, por me oferecerem orientação clara com _______*. Peço a eles amparo para minha saúde, meu casamento, negócio ou qualquer coisa que desejo. Então, gentilmente entro em uma prática de meditação silenciosa. No momento da minha meditação, quando percebo um incentivo dos meus guias, pego minha caneta e começo a escrever livremente. Deixo minha caneta fluir e não edito nada. Em alguns minutos, as mais belas e inspiradoras palavras surgem. Palavras e ideias que não são minhas fluem pela página. Muitas vezes fico impressionada com algumas das orientações que recebo.

Se você é novo na escrita livre, pode ter uma gama de experiências quando começar. Você pode começar canalizando imediatamente, ou pode levar algum tempo para se sentir confortável com essa prática. Apenas deixe sua caneta fluir e não edite.

Escreva o que vier, mesmo que pareça mundano ou estranho no começo. Tenha fé no processo e permita que ele aconteça de qualquer maneira.

SEUS GUIAS O AJUDARÃO DE VÁRIAS MANEIRAS

Pedir ajuda para seus guias dá mais liberdade a eles para ajudá-lo mais. Como em qualquer relacionamento, quanto mais você o alimenta, mais ele pode crescer. Assim que aceitar a presença de seus guias, você sentirá seus pensamentos e sua energia sintonizarem novamente com o amor do Universo. Seus guias o lembrarão que você é amor e que a voz do Seu Eu Superior é sua única e verdadeira voz. Eles lhes darão orientação clara quando você se sentir mal orientado, eles sempre o conduzirão para soluções do supremo bem de todos.

No próximo capítulo, o ajudarei a criar o hábito de entregar seus bloqueios para seus guias, para que você não dependa só da sua própria força. Quando você aceitar a orientação do Seu Eu Superior, dos anjos, espíritos ou mesmo de familiares falecidos, sentirá uma sensação de amparo que nunca conheceu antes. *Um Curso em Milagres* diz: "A presença do medo é um sinal claro que você está dependendo da sua própria força." Quando aprendemos a parar de confiar somente na nossa própria força e depender em vez disso da esfera espiritual e do nosso Eu Superior, podemos viver com tranquilidade e graça e sermos verdadeiras Superatrações.

CAPÍTULO 7

FAÇA MENOS E ATRAIA MAIS

Na primavera de 2017, na época em que comecei a canalizar Wayne Dyer, tive mais confirmação de que era realmente ele se conectando comigo. Fiz uma consulta particular com minha amiga médium Rebecca Rosen. No meio da consulta, ela disse: "Seu guru está se conectando com você. Ele é seu professor. É o Wayne!" Ela passou a confirmar que as mensagens que eu estava recebendo eram dele e me garantiu que eu devia confiar na minha habilidade de me conectar com sua orientação. Então ela me falou que ele poderia ser uma grande fonte de apoio para mim quando eu estivesse falando em público. Ela me sugeriu que eu o chamasse em toda palestra e que imediatamente eu poderia experimentar uma sensação de calma me envolver. Amei receber essa orientação e ansiava por receber o auxílio de Wayne na minha próxima palestra.

Mais tarde naquele mês, dei uma das maiores palestras da minha vida. Fui convidada para falar no programa *Super Soul* da Oprah e conduzir uma palestra chamada *The Universe Has Your Back*. Nessa palestra, planejei compartilhar uma história muito vulnerável e fiquei nervosa com isso (sem mencionar o fato de que meu ego estava surtando com a ideia de que era um evento da Oprah). Fiz um show muito especial e enfatizei muito a importância desta palestra. Neste estágio de minha carreira como palestrante, tinha parado de ficar nervosa, mas nessa situação minhas projeções egoicas estavam me deixando desconfortável.

Eu estava muito ansiosa na manhã da minha palestra. Eu sabia que meu ego estava a caminho do meu poder de Superatração. Em um momento de crise interior, me lembrei da sugestão de Rebecca de chamar Wayne para trabalhar por meu intermédio. Assim, sentei na minha cama do hotel e meditei. Em minha meditação convidei Wayne para entrar na minha mente e me guiar. Em instantes pude sentir a presença mais tranquilizadora se apoderar de mim. Senti um alívio quase instantâneo. Era como se sua energia fosse incorporada à minha e eu conseguisse personificar uma paz imensa. Minha ansiedade desapareceu e fiquei num estado de graça perfeito. Abri os olhos e me senti pronta para comparecer à minha palestra com meu Eu Superior falando por meu intermédio.

Uma hora depois, estacionei perto da entrada dos bastidores do local. Havia um SUV enorme na frente do meu carro. Saí do carro e, como o Universo conspiraria, Winfrey estava saindo de seu SUV exatamente na mesma hora. Se eu ainda estivesse presa no meu ego, provavelmente poderia ter me atrapalhado na interação. Mas com Wayne ao meu lado, fui capaz de vê-la como uma igual e cumprimentei-a com estima. Nós nos abraçamos e falamos sobre o quão animadas estávamos para o dia.

As horas que antecederam minha palestra foram relaxantes e tranquilas. Um pouco antes de subir no palco, convidei Wayne para vir comigo. Senti sua presença no palco comigo naquele dia. As palavras que falei foram sem esforço. Fui capaz de liberar minhas projeções egoicas por estar no palco da Oprah e parei de fazer palestras sobre mim. Em vez disso, fui capaz de falar sobre servir e amor. Ensinei com meu coração. A orientação de Wayne me tirou do caminho e me ajudou a confiar em uma humildade e força além da minha. Desde então, a palestra foi compartilhada no Youtube para os espectadores no mundo todo e felizmente tem ajudado muitas pessoas a aprender a prática espiritual da entrega. A energia de Wayne está presente em cada replay.

Os guias espirituais nos ajudam a sair do nosso próprio caminho e deixar de confiar em nossa própria força. Eles estão sempre nos guiando para conectar nossa energia de

Superatração e permitir que o fluxo do amor perpasse por tudo que fazemos. Como diria Wayne: "Quando você está em espírito, está inspirado!"

Ser uma Superatração significa fortalecer sua fé, sintonizar-se com a energia do amor e deixar o Universo guiá-lo. Para começar a prática de permissão, devemos sair do caminho e deixar o espírito nos orientar.

No capítulo anterior, apresentei a você os tipos de guias espirituais aos quais você pode se conectar. Nas páginas seguintes, expandirei essas lições, ensinando-o como normalmente entregar seus desejos aos cuidados do Universo ou à orientação espiritual do seu próprio conhecimento. A prática diária de liberar seus planos para o espírito o ajudará a desenvolver sua habilidade de ficar sereno e aceitar o momento atual. Na serenidade, você recebe. Estabelecer uma conexão espiritual forte o ajudará a liberar ansiedade e trará um senso de grande alívio. Você vai parar de desperdiçar todo o seu esforço mental, emocional e até mesmo físico em pressionar, controlar e tentar fazer as coisas acontecerem. Em vez disso, você será guiado.

Quero dar a você a experiência de se conectar com seus próprios guias. Quero que você sinta a liberdade de liberar o controle e permitir que uma presença além da sua lidere o caminho. E quero que se sinta ainda mais conectado ao seu poder de Superatração. Quando você seguir essas etapas, o espírito se manifestará rapidinho.

PARE DE CONFIAR EM SUA PRÓPRIA FORÇA

Crescemos acreditando que nossa vontade é o que faz as coisas acontecerem. Mas o segredo para se sentir bem e manifestar nossos desejos sem dificuldades e sofrimentos é parar de confiar em nossa própria força! Fazemos isso ao receber o poder do espírito, a energia Universal do amor, para guiar nossos pensamentos e ações. Pense nisso como uma colaboração entre o Universo e você. Você não precisa mais se sentir o único responsável por descobrir a vida, tomar todas as decisões importantes e agir segundo seus sonhos. Há uma força de amor dentro de você e a sua volta amparando cada movimento seu. A maneira de acessar essa força é simplesmente sair do caminho. Enquanto você está confiando na sua vontade, seus planos e seu tempo, se sentirá bloqueado e assustado — estressado no presente, preocupado com o futuro, inseguro nas decisões e por aí vai. Mas na hora em que deixar ir e aceitar, uma energia de amparo assumirá.

Acolher essa força poderosa de conexão espiritual na sua vida pode confundir o seu ego. Com frequência confiamos no medo para termos uma falsa sensação de segurança e controle, quando na verdade esse medo é o que manifesta mais incerteza, dor e sofrimento. É fácil cair nos padrões de medo da infância ou nas experiências passadas e se sentir paralisado por eles. Quando somos acionados pelo medo, podemos retornar para a nossa infância, que fará de tudo para se sentir seguro e no comando das coisas. Muitas pessoas vivem no limite de um estado de luta ou fuga, caindo neste sempre que seu ego soa o alarme. Mas imagine o quão maravilhoso seria entregar essa parte de você mesmo aos cuidados de um poder superior. Como seria sua vida se você parasse de pensar que tinha que se proteger ou cuidar de tudo para a sua vida seguir em frente? Quão diferente você seria se soubesse que poderia entregar sua vida a uma presença de orientação e de amparo?

O caminho mais evidente para essa liberdade é criar o hábito de confiar na orientação espiritual e na energia do Universo. Recorrer sempre aos anjos, guias espirituais, seu Eu Superior e a sabedoria do Universo o levará para o supremo bem de todos. Aprender a confiar na força espiritual lhe trará uma liberdade incrível. Para estabelecer ou fortalecer sua conexão com a esfera espiritual, você deve sair do caminho.

Para iniciar a rendição à orientação amorosa que está sempre disponível para você, comece invocando a orientação com a qual quer se conectar.

Você pode se sentir mais confortável se conectando ao seu Eu Superior (sabedoria interior) ao amor do Universo (ou Deus). Ou pode ser inspirado pelos arcanjos e escolher se conectar a um anjo específico que pode ajudá-lo com seu caso particular. Talvez você goste da ideia de se conectar com um ente querido falecido, alguém que você sente muita falta. Se ainda não está completamente certo sobre com quem você quer se conectar, pare um pouco e reveja os guias no Capítulo 6 e veja o que o inspira. Quando minha editora Katie leu o Capítulo 6, soube na hora que o Arcanjo Ariel era seu guia. Ela sentiu um momento de conexão com Ariel, porque ela é o guia de amantes de animais e ambientalistas. Não questione sua intuição quando ela vem da conexão com guias. Qualquer guia que venha logo à sua mente é com quem você deve se conectar. Lembre-se, eles estão esperando você chamar.

CONECTANDO-SE À ENERGIA DO AMOR

Amparo de amor pode chegar em frequências diferentes e, quanto mais esclarecido você estiver sobre a orientação espiritual que quer receber, mais familiarizado ficará com a energia espiritual que você está se conectando. Por exemplo, quando peço para me conectar ao Arcanjo Miguel, conhecido como o arcanjo de proteção, sinto a energia na sala se expandir e me sinto protegida. Quando peço ajuda a Wayne, experimento um belo sentimento de paz e calma. Quando peço ao Meu Eu Superior para sintonizar com minha sabedoria interior, sinto uma energia imediata e animada, como se estivesse sendo preparada para transmitir uma nova informação. Há muitas frequências energéticas diferentes e é importante aprender as diferentes formas de orientação que vem de cada uma delas.

Os guias utilizarão símbolos e sinais para deixá-lo saber que eles estão lá. Você pode ter uma conexão religiosa com um mestre ascensionado como: Jesus, Buda ou Nossa Senhora, que normalmente apresentam um símbolo de sua presença. Ou talvez você tenha um vínculo espiritual com um parente falecido que se conecta com você por meio de um sinal específico, como uma música, um perfume ou uma imagem. Os guias serão criativos e específicos quando se manifestarem. Você pode ficar impressionado com o quão claros eles são. Deixe-se maravilhar pela magnífica orientação que está disponível para você.

Não importa com qual guia você se conecta. Confie que sua intuição o está levando para a orientação que mais ecoa em você. Da mesma maneira que você pode sintonizar com um professor de ioga específico, pode sentir uma conexão com um guia espiritual específico. Você pode ter muitos tipos de guias espirituais ou normalmente se conectar somente com um. Não importa como você é orientado; o que importa é que entregue sua vontade ao amparo de uma presença amorosa de poder além do seu. Cada orientação espiritual tem o mesmo objetivo: levá-lo de volta para o amor.

Escolha o guia com o qual você quer se conectar agora. Abra seu diário e escreva o primeiro nome que vem à sua mente. Não importa se é um arcanjo, um parente falecido, seu Eu Superior (orientação interior) ou qualquer outro guia espiritual. Não pense muito — apenas escreva o tipo de orientação que você está inspirado a se conectar.

Agora que você já sabe com qual orientação deseja se conectar, está na hora de sintonizar com essa frequência energética. Como um lembrete, cada guia tem sua própria energia e, quanto mais você se conectar, mais fácil saberá quem ele é.

SINTONIZE POR MEIO DE PRECE

Quando você está preso em sua teoria de pensamento lógico e prático, não consegue se conectar com a sabedoria infinita que está disponível para você o tempo todo. Mas quando você faz preces, suspende temporariamente as limitações de sua mente mundana e se reconecta à sabedoria infinita de uma orientação divina além da sua. Fazer preces é um caminho para a entrega. Quando você faz preces pedindo orientação, libera seu controle, sua vontade e seus planos aos cuidados de seu guia espiritual.

A prece é uma ponte da mente controladora e temerosa para a mente certa de amor. Sempre que você faz uma prece pedindo orientação, instantaneamente sintoniza com seu poder de Superatração. Uma prece requer sua fé em um poder superior e é uma solicitação humilde para transcender crenças falsas baseadas no medo do mundo e lembra a luz de quem você é. Quando fazer preces se torna um hábito, você se sente aliviado porque sabe que a qualquer momento pode se conectar com o amor do Universo por meio da orientação espiritual, que está sempre disponível para você. É claro que os pensamentos de medo surgirão, mas você pode afastá-los com uma prece. Deixe a prece se tornar um hábito mais forte do que seu medo.

A primeira prece que praticaremos é a de conexão. Esta pode abrir portas para receber orientação espiritual. Sente-se confortavelmente num local privado com seu diário Superatração ao seu lado. Então faça essa prece silenciosamente ou em voz alta:

Obrigado, guias de verdade e compaixão mais elevadas, [nome do guia com o qual você está se conectando], por me revelar sua presença. Recebo você agora.

Respire fundo, depois solte.

Continue a respirar profundamente enquanto permite que seu guia compartilhe do seu espaço.

Siga sua prece, prestando atenção a como se sente. A energia da sala mudou? Sentiu-se mais leve, animado, calmo, inspirado ou protegido? Teve algum pensamento intuitivo? Pegue seu diário e registre o que sua orientação pareceu para você. Não questione qualquer sentimento que surgir. Quando você se conecta com qualquer tipo de guia, está sintonizando com um campo energético além de sua esfera física. Essa energia provavelmente será diferente da que você está acostumado. Não a julgue nem tenha medo dela. Lembre-se de que você sintonizou com a energia do bem maior. Já que fez a clara distinção, consegue atrair somente energia superior de amor.

Se não sentiu qualquer orientação na hora, seja paciente. Às vezes, a orientação pode aparecer mais tarde. Talvez você receba um sinal que pediu, tenha um sonho com orientação clara ou talvez sinta uma presença ao seu lado quando adormecer. Não apresse a conexão.

Depois que você experimentou uma conexão com a esfera espiritual, abriu a porta para receber orientação divina, a direção aparecerá clara e com muita sabedoria. Agora você usará a meditação para se acalmar e ouvir a orientação espiritual que está disponível para você. Na quietude o espírito pode se conectar com você. Em prece você pede por orientação e em meditação, a escuta.

Meditação Para Orientação Espiritual

Siga essa prática de respiração meditativa e sintonize sua energia para a orientação que está disponível para você agora. (Você pode ouvir a meditação guiada na página *GabbyBernstein.com/SuperAttractor*.) Após sua breve meditação, pegue seu diário e deixe a orientação se espalhar pela página.

Comece diminuindo sua respiração para que possa sintonizar sua energia com a frequência da orientação que está disponível para você agora.

Inspire pelo nariz e conte até quatro. Segure a respiração e conte até quatro.

Solte sua respiração pela boca contando até quatro.

Repita esse ciclo de respiração por mais três vezes.

Depois continue a respirar longa e profundamente por mais um minuto. Na inspiração expanda seu diafragma e na expiração, deixe-o relaxar. Inspire, expandindo seu diafragma, e na expiração, relaxe-o. Esse padrão de respiração garante que você inspire e respire completamente.

Defina a intenção para sintonizar sua energia com a orientação de amparo que está envolvendo você agora.

Assim que sentir sua energia mudar para uma frequência calma, pacífica, inspirada, pegue seu diário e escreva esta frase no alto da página:

Obrigada, orientação de verdade e compreensão mais elevadas [pode escrever o nome de seu guia aqui se você desejar], por me mostrar o que vocês querem que eu saiba.

(Fique à vontade para ser mais específico, pedindo a eles que lhe digam como lidar com uma determinada situação, etc.)

Por cinco minutos ou mais, deixe sua caneta fluir pela página. Não edite nada. Apenas deixe-a fluir.

DEIXE A ORIENTAÇÃO FLUIR

Wayne Dyer disse: "Quando você se lembrar de permanecer no espírito, perceberá que quando uma coisa parece estar dando errado, você pode ver claramente dez outras que estão dando certo." Assim que você sintonizar seus pensamentos e sua energia com um guia amoroso, receberá direção clara, soluções criativas, inspiração essencial, paz — e muito mais. A orientação surge de várias formas. Fique atento a tudo e não ignore nada.

Ao estabelecer sua conexão espiritual por meio desse processo, você consegue perceber que as pessoas respondem à sua energia de maneira diferente. As experiências que costumavam estressá-lo podem ser mais fáceis de vivenciar. Sincronicidades a esmo podem aparecer na sua vida. Você pode até sentir como se a presença do espírito estivesse sempre ao seu lado. Toda vez que escolher sintonizar com o espírito, a orientação da verdade mais elevada surgirá para você.

Ao longo da próxima semana, continue fazendo sua prece, sua meditação e seu registro no diário. Depois, documente as conexões e orientações que recebe. Anote no seu diário ao longo do dia, fique atento a cada sinal de orientação. Essas 3 etapas facilitarão o acesso à orientação espiritual e fortalecerão sua conexão com ela. Para a próxima semana, siga essas 3 etapas todas as manhãs:

1. Sintonize-se por meio da prece e invoque a presença de seu guia.
2. Relaxe e receba orientação por meio de meditação.
3. Registre a orientação que recebe.

Quanto mais você se dedicar a esses métodos, mais inegável se tornará a presença do espírito. Quando você escolher conscientemente sintonizar com a presença do espírito, observará mudanças incríveis acontecerem com sua energia, suas experiências e no convívio com as pessoas que você encontra no seu dia a dia. Seu ego vai querer resistir a elas a todo custo, dizendo coisas do tipo: "Isso é só uma coincidência" ou "Isso teria acontecido de qualquer maneira." Sua consistência pode combater essa reação do ego.

Quando você consistentemente acolhe o espírito na sua mente, se compromete com uma conexão mais forte com a orientação ao seu redor. Fique atento à orientação divina que você recebe e deixe o espírito mostrá-lo o que fazer.

CONFIE EM UM PODER SUPERIOR

Viver uma vida de Superatração significa que aprendemos a confiar em um poder superior. Toda vez que confiamos em nossa própria força e viramos as costas para o espírito, enfraquecemos nossa conexão com o Universo e nosso poder de Superatração. Confiar em um poder superior nos mantêm conectados com a esfera espiritual e a infinitas possibilidades, sincronicidade e alegria. Ser orientado não significa que desistimos de nossa própria capacidade de tomar decisões, mas que as decisões surgem mais facilmente. Sentimo-nos seguros e orientados, em vez de inseguros e hesitantes. Quando encontramos obstáculos, sabemos onde buscar ajuda e recebemos orientação divina. Confiar em um poder superior acrescenta riqueza à sua vida, porque você não se sente mais pressionado a descobrir tudo. Você pode deixar ir e aceitar.

A energia Universal do amor está dentro de você, mas com frequência você precisa de ajuda para se conectar com ela. Deixe o Universo e seus guias serem a sua ponte eterna de volta para o amor, a força e orientação segura.

Não tenha medo de pedir orientação espiritual em qualquer situação. Quando você está no consultório médico, peça ao espírito para intuir o profissional da saúde. Quando estiver em uma entrevista de emprego, convide o espírito para intuir-lhe com confiança. Ou quando estiver brigando com um amigo, peça ao espírito para intervir e ajudá-lo a encontrar perdão e soluções. Não há nada que você não possa se entregar. E acima de tudo, confie na orientação à sua volta o tempo todo — não só quando ela for conveniente, mas o tempo todo. Quero que você faça da confiança no espírito um hábito diário. Quanto mais você aceitar o espírito, mais será guiado.

FAÇA MENOS E ATRAIA MAIS

Confie que sua sintonia com o Universo é suficiente para cocriar o mundo que você quer ver. A Lição 38 de *Um Curso em Milagres* ensina: "Não há nada que minha santidade não possa fazer." Quando você entrega sua vontade aos cuidados do espírito e do Universo, sintoniza sua energia com um fluxo sempre presente de bem-estar. Nesse estado de entrega, você aceita sua santidade e não há nada que não possa fazer. Aceitar sua santidade significa que você tem uma fé robusta no Universo e na orientação espiritual. Sua fé atrai o hábito. Nesse local de fé, você permite o fluir do Universo e pode fazer menos e atrair mais.

DEIXE O ESPÍRITO ASSUMIR A DIREÇÃO

Muitas pessoas vivem com a crença equivocada de que devem controlar para atrair. Todos controlamos à nossa própria maneira (mesmo quando não nos identificamos como tal). Porém o Universo não responde à energia controladora. O Universo responde quando deixamos ir e acolhemos a orientação divina. Quando há uma energia controladora por trás das suas ações, você não receberá o resultado que verdadeiramente deseja. O segredo para atrair seus desejos é liberá-los.

"Deixar ir" nos oferece tudo que queremos, mas fazê-lo pode parecer traiçoeiro. Seu medo resiste a ele de maneira obstinada. Uma coisa a se esperar é que algumas áreas de sua vida são mais fáceis de entregar para o espírito, enquanto outras são mais difíceis. Isso é normal. Por exemplo, você pode achar que é fácil confiar no espírito em sua carreira mas descobrir que resiste a ele em seus relacionamentos. Isso ajuda a começar a praticar, conectando-se aos seus guias e se entregando nas áreas em que você está mais desapegado — onde as coisas não parecem como “apostas altas” e você tem uma atitude mais relaxada em relação ao resultado. Com o tempo ficará mais fácil liberar seus maiores apegos. Comece esse hábito entregando alguma coisa que você tem menos apego. Pratique deixando o espírito ampará-lo na área da sua vida em que é fácil para você receber. Desse modo, você pode começar a criar prova espiritual de que é realmente guiado. Essa prova espiritual lhe dará fé de que o Universo o protege e que é tranquilo deixar ir. Cada momento de fé é um ganho. Com sua fé recém-descoberta, você será inspirado a confiar mais e entregar mais áreas da sua vida aos cuidados de um poder superior de seu próprio conhecimento.

Uma conexão espiritual é um hábito que requer que você confie em um poder superior, em vez de, na sua própria vontade. Então entregue as pequenas coisas, bem como as grandes. Peça ao espírito para ajudá-lo a preparar sua refeição assim como seria com um problema médico. Não há solicitação muito grande ou muito pequena. A esfera espiritual está esperando por você para pedir e receber. Entregue tudo ao Universo e espere orientação divina.

Quando você confia em um poder superior, desenvolve a habilidade de ficar tranquilo e aceitar o momento presente. Isso o impede de desperdiçar tempo ou esforço mental se preocupando com o andar das coisas. Você não ficará mais obcecado sobre o futuro ou perturbado com o que ainda não aconteceu. Você se sentirá fiel independentemente das circunstâncias. Quando desenvolvemos uma conexão com espírito, podemos confiar no Universo não importa o que aconteça.

ACREDITE EM UM PODER SUPERIOR

A crença é um pré-requisito para se tornar uma Superatração. Toda vez que entregamos nossa vontade ao espírito, fortalecemos nossa crença em um poder maior do que o nosso. Não espero que você transcenda seu medo e acredite na orientação espiritual agora mesmo. Minha esperança é que continuará a se conectar com a orientação espiritual regularmente para fortalecer sua crença diariamente. Faça uma prece, medite na energia do amor, acabe com sua descrença por um minuto e sinta seu caminho na fé um passo de cada vez. Há muito alívio em saber que existe um poder maior do que o seu te guiando a cada etapa do caminho.

Quando acreditamos em um poder superior, podemos parar de nos preocupar, de controlar e de ficar obcecados com o como, o quando ou o porquê. Podemos sair do caminho e deixar o espírito nos guiar. Podemos deixar os outros nos ajudar, deixar a intuição fluir e criar de um lugar de inspiração. Acreditar na orientação espiritual nos dá a certeza e a liberdade para continuarmos sonhando mesmo quando ainda não podemos ver o resultado. Se você está esperando por um resultado, é o espírito que dá paz a você nesse ínterim. Quando o que você quer parece muito distante de alcançar, é o espírito que te dá orientação e inspiração para seguir em frente. Liberdade, paz e alegria vêm de viver no espírito. E começa com sua vontade de deixar ir.

Parte de viver em união com seu guia espiritual é confiar que você é merecedor do amor do Universo. Tendemos a resistir à nossa conexão espiritual porque bem lá no fundo não acreditamos ser merecedores de amparo e amor incondicional. Pensamos que temos que ser o criador e esquecemos que surgimos de uma energia de amor sempre presente que nos criou. Viver em conexão com espíritos significa nos lembrarmos de que somos um com essa energia de amor e que não há nada que não possamos fazer quando estamos sintonizados com o Universo. Meu pedido é que esses conceitos se tornem mais do que simples palavras que você lê em livros sobre espiritualidade. Meu pedido é que eles se tornem verdades que você conhece em um nível profundo. Você merece conhecer sua magnificência, se sentir amparado e viver com tranquilidade. Milagres são sua herança. É hora de se lembrar.

Encorajo-o a se libertar e se divertir com as práticas desse capítulo. Essa é uma oportunidade para tentar um novo padrão de comportamento, assim, trate-o como uma aventura! Ficará cada vez mais fácil deixá-lo ir quando você se permitir aproveitar o processo de ser guiado. Com a confiança nos seus guias espirituais, você consegue descansar facilmente sabendo que está sendo guiado a cada etapa do caminho.

Sinto muita satisfação ao escrever essas lições. Cada palavra é um lembrete de que o amparo está disponível para nós o tempo todo. Tenho muitas visões de como esse livro irá amparа́-lo. Tenho fé em um plano poderoso além do meu porque posso sentir o fluir livre da energia criativa da orientação espiritual e o amor passando pelas minhas mãos enquanto digito essas palavras. Essa é uma conexão espiritual e uma manifestação em andamento. Bem aqui, agora.

Com sua conexão com o espírito, tudo é possível. No Capítulo 8 você se conectará com seus guias e com a energia do Universo para que possa dar os próximos passos na cocriação de seus desejos. Ensinarei a você meu Método de "Ação Espiritualmente Sintonizado", que lhe dará confiança nos passos que você dá na direção de seus desejos. Entusiasme-se com o que está por vir e convide seu espírito para continuar essa jornada com você.

CAPÍTULO 8

ADOTE MEDIDAS ESPIRITUALMENTE SINTONIZADAS

Em 2008 eu tinha apenas alguns anos como coach da vida e palestrante motivacional de carreira. Eu estava morando em Nova York e fazendo palestras em hotéis, estúdios de ioga e centros comunitários. Liderei workshops de coach em grupo e preguei para qualquer um que quisesse ouvir. Eu estava em uma missão para divulgar minha mensagem para as massas.

Nesse momento, senti um novo espírito da época emergir. Parecia que mais mulheres, especificamente, buscavam a felicidade por meio da espiritualidade, em vez de nas butiques de sapatos de grife. Muitas pessoas estavam se conscientizando sobre a saúde trocando drinques e festas por suco verde e ioga. Em todo o mundo, pude ver aspirantes espirituais ansiando por permissão para acordar. Eu me reconheci neles quando estava iniciando meu caminho espiritual. Eles procuravam uma comunidade de pessoas afins, queriam saber como se abrir para uma conexão espiritual. Senti que era minha responsabilidade deixá-los saber que não estavam sozinhos. Queria dizer para eles que era descolado ser espiritualizado e que podiam ser livres para explorar novas crenças!

Eu acreditei tão piamente em compartilhar minha mensagem com um público maior, que decidi usar meus conhecimentos de relações públicas para divulgar o que vi acontecer. Uma tarde, tive uma ideia inspirada e de repente: "Há um novo movimento de coaches da vida e aspirantes espirituais. Vou estrear uma história sobre o assunto na coluna do *New York Times* Sunday Styles!"

Isso aparentemente veio do nada e meu estagiário me olhou com uma cara confusa. Mas eu estava inspirada, dedicada e confiante. Ouvi a orientação divinal que recebi e sabia que estava na hora de agir. Peguei o número de um repórter que eu sabia que escrevia para a coluna *Styles* e liguei imediatamente para ele.

Para minha surpresa, ele atendeu.

"Allen falando."

"Oi, Allen, é Gabby Bernstein", eu disse. "Nós nos conhecemos há algum tempo em um jantar no Soho. Estou ligando porque tenho uma história legal para você."

Allen disse: "Conte-me rapidamente. Estou muito ocupado."
"Entendi", eu disse. "A proposta é algo do tipo: Todas as garotas que costumavam querer ser Carrie Bradshaw agora querem ser mais como o autor de autoajuda Wayne Dyer. Há um novo movimento e quero dar essa história completa sobre essa tendência para você."

"Interessante. Ligo de volta para você."

Seu tom foi meio irônico... mas seu interesse era tudo que eu precisava. A semente foi plantada e liberei minha proposta para o Universo. Intuitivamente, eu soube que algo incrível estava para chegar.

Quase nove meses se passaram com pouquíssima resposta de Allen. De vez em quando, ele checava para ver o que eu estava fazendo e me dizia que ainda estava interessado na história. Continuei paciente e dedicada e confiei que minhas intenções importantes combinadas com minha fé eram suficientes para tornar minha história realidade. Desapeguei e permiti ao Universo fazer seu trabalho. Em vez de ficar obcecada com cada e-mail ou tentar forçar qualquer coisa, entreguei meu objetivo aos cuidados do Universo. Eu sabia que tudo se desenvolveria exatamente como devia. Eu me concentrei, em vez disso, em servir diariamente, espalhar minha mensagem e ajudar mais pessoas a descobrir e fortalecer suas conexões espirituais. *Um Curso em Milagres* diz: "Aqueles que estão certos quanto ao resultado bancam a espera e esperam sem ansiedade." Eu estava certa de que, independentemente do que acontecesse, seria para o bem maior, o que tornou mais fácil ser paciente.

Não recebi nenhuma resposta concreta sobre minha proposta até o outono de 2009, quando Allen me ligou de repente. Ele disse: "Gabby, é o Allen. O *Times* aceitou sua história. Tenho uma semana para fazer a entrevista, sessão de fotos, conhecer seu grupo de coaching e escrever o artigo. Vamos começar logo!"

Minha história começou a ganhar vida! Em 24 horas agendei a sessão de fotos e marquei a entrevista com Allen.

Às 9 da noite naquela quarta-feira, Allen foi até o meu pequeno estúdio para assistir minha sessão de coach em grupo rodeado de jovens ávidas meditando e rezando. Em seguida, continuou comigo para me entrevistar, assim ele podia ter uma ideia melhor do meu trabalho. Nós nos sentamos no futon, atrás do qual havia um mural enorme pendurado que ocupava uma parede inteira. Esse mural continha fotos que pendurei para representar todos os sonhos que tinha para a minha vida: um casal apaixonado, anéis de noivado, frases motivacionais e praias de areia branca.

No canto inferior direito, pendurei uma manchete da coluna do *The New York Times Sunday Styles*. Allen apontou para ela e perguntou: "O que é isso?" Expliquei que tinha divulgado essa história por um tempo. Três anos antes eu vi uma matéria na coluna *Styles* sobre alguns dos meus amigos blogueiros de comida. Ao ler o artigo, pensei como queria esse tipo de história para o meu trabalho. Então cortei e pendurei a manchete no meu mural. Ela está pendurada lá faz três anos.

Allen pareceu chocado. Ele se virou para mim e disse: "Escrevi essa história sobre os blogueiros de comida! Essa manchete é do artigo que escrevi há três anos. E agora, três anos depois estou escrevendo sua história de capa para a coluna *Styles*. Uau, acho que toda essa coisa espiritual funciona."

Naquele momento, sorri como se tivesse recebido uma piscadela do Universo. Essa sincronicidade foi um sinal claro de que me rendi às leis naturais de manifestação e permiti que o Universo me protegesse enquanto eu cocriava minha realidade.

Felizmente, não tentei controlar essa manifestação. Em vez disso, permiti que ela surgisse naturalmente. Essa matéria de capa foi o maior impulsionador na minha carreira e me ajudou a concretizar minha visão de espiritualidade com um público maior. Minha paciência, certeza e fé abriram caminho para o Universo, assim os guias e anjos me responderam. O espírito trabalha por meio das pessoas para amparar seu importante trabalho no mundo. Quando você segue sua intuição e inspiração, pode ter certeza de que o espírito está guiando-o. Sei que muitos espíritos trabalharam por meio de Allen para fazer isso acontecer.

A história é um bom exemplo de como podemos facilmente cocriar com o Universo quando unimos nossas ações com inspiração. Sem perceber na época, apliquei um método específico para expressar minha visão em realidade. Hoje me refiro a ele como o Método de "Ação Espiritualmente Sintonizado". Ao aplicar esse método para qualquer coisa que deseja, pode confiar que está cocriando com o Universo em vez de forçar uma visão a se concretizar.

O Método de "Ação Espiritualmente Sintonizado" é uma prática que requer inspiração e fé no espírito. Quando unimos nosso desejo com nossa fé, podemos agir de um lugar de paz, em vez de controle. É essa presença de paz que permite ao Universo nos amparar plenamente. Ao agir espiritualmente sintonizado, podemos confiar que uma energia além da nossa está trabalhando em nosso benefício e que tudo está dando certo para nós — mesmo que não saibamos exatamente quando ou como acontecerá. Esse método lhe ajudará a sintonizar sua energia a essa presença pacífica, inspirada de modo que tudo que fizer será protegido pelo seu poder de Superatração. Siga essas etapas e pratique-as regularmente para ver o quão acolhedor o Universo pode ser quando você age de forma espiritualmente sintonizada!

MEU MÉTODO DE AÇÃO ESPIRITUALMENTE SINTONIZADO

Etapa 1: Certifique-se de que seu desejo esteja protegido pela inspiração e pelo serviço

Minha vontade de ter uma matéria de capa na coluna do *The New York Times* Sunday Styles foi apoiada com serviço. Eu sabia que a história ajudaria novos aspirantes a se sentirem menos sozinhos, curarem suas percepções de medo e se tornarem um sistema de apoio para outras pessoas em busca de soluções. Eu estava extremamente inspirada por esse desejo de servir. Entendi totalmente como era ser um novo aspirante espiritual e queria que outros como eu nunca se sentissem sozinhos. O senso de pertencimento foi o que ansiei quando comecei minha jornada espiritual. Com a certeza do serviço e a inspiração por trás da minha vontade de aparecer no *Times*, eliminei toda a descrença. Eu me mantive comprometida com minha manifestação para aderir aos pensamentos de alta vibração. Isso ajudaria os leitores aspirantes na busca de seu próprio despertar espiritual.

Quando o desejo que você está expressando está sintonizado com o serviço e a inspiração, ele é invencível. Porque minha primeira intenção foi ajudar a disseminar minha mensagem de conscientização espiritual para novos aspirantes, o processo foi protegido por uma força de inspiração imbatível. Não era sobre alimentar meu ego. Em vez disso, eu queria ajudar a despertar uma nova geração de aspirantes. Aprendi uma lição clara e duradoura com essa experiência: manifestações verdadeiras são movidas pelo serviço e pela inspiração.

Você deve estar pensando: "Como eu sei se meu desejo está amparado pelo serviço e pela inspiração?" — Também pode estar pensando — "E se aquilo que quero não for mudar o mundo? Se quero encontrar amor ou me livrar das dívidas? Como é servir aos outros?" É importante entender que se seu desejo te alegra, então está amparado pela inspiração. E, contanto que seu desejo esteja na busca do supremo bem de todos, você pode confiar que será amparado pelo espírito. Sua alegria e desejo sinceros de servir trazem mais luz para o mundo. Mas é igualmente importante sintonizar no *porquê* você quer algo e entender que energia está por trás dele. Há momentos em que realmente queremos algo porque nos fará sentir melhor ou mais especial que os outros. Outras vezes desejamos algo porque esperamos que ele mascare uma de nossas principais feridas e nos ajude a evitar curá-la. Por exemplo, talvez você queira uma promoção no trabalho para sua família aprová-lo. Ou talvez queira comprar algo caro só para poder se exibir para seus amigos. Ou talvez queira um relacionamento porque não se sente completo consigo mesmo e fica assustado por estar solteiro. Esses exemplos de desejos são apoiados pela carência e pelo medo. Eles não se sentem inspirados ou orientados para servir, porque estão repletos de validação externa ou realização em vez de paz interior. Indague-se sobre quaisquer desejos egocêntricos que possam estar presentes. É maravilhoso não se desculpar sobre o que você quer, mas fique atento à energia que ampara seu desejo.

Uma maneira simples de esclarecer a energia por trás do seu desejo é se perguntar: "Esse desejo me deixa inspirado e serve para os outros?" Tire um tempo para escrever no seu diário como seu desejo o ilumina. Então vá ainda mais longe e escreva como sua inspiração e energia positiva servem aos outros. Deixe sua caneta fluir e escreva seu caminho em uma sintonia poderosa. Quando você sintoniza sua energia com esse serviço e com a inspiração, pode confiar que ela impulsionará sua visão adiante. Tente escrever por pelo menos cinco minutos em seu diário e então leia o que escreveu. Permita-se experimentar os sentimentos de alegria, inspiração e grande contribuição. Permita-se comemorar seus desejos.

Etapa 2: Acredite que o Universo responderá

Por me sentir tão inspirada e conectada com o serviço por trás do meu desejo, foi fácil acreditar que o Universo me amparava. Eu sabia que havia um público para meu trabalho e que este trabalho precisava ir mundo afora. Ao refletir sobre meus instrutores espirituais me servirem em minha jornada, soube que poderia fazer o mesmo para uma nova geração de aspirantes. Eu estava tão animada pelo meu desejo que reivindiquei sem medo minha visão de levar meu trabalho até as pessoas que mais precisavam dele. Quando estamos sintonizados espiritualmente com os nossos desejos, podemos ter fé que o Universo está cocriando conosco.

Eu também tinha muita certeza por trás do meu desejo. Eu sabia que essa história precisava aparecer na coluna do *New York Times Sunday Styles* porque era onde minhas leitoras estavam. Elas estavam procurando a felicidade na próxima tendência da moda e vi uma bela oportunidade para encontrá-las onde estavam e lembrá-las do que elas realmente mais queriam: uma vida espiritual. Porém não limitei minha crença. Confiei que seria no *The New York Times* ou algo melhor. Ao reivindicar seu desejo é importante deixar claro o que você quer e então entregar dizendo: "Isso ou algo melhor." Desse modo, você continua aberto à orientação criativa do Universo e não limita seu poder de expressão. Muitas vezes o Universo tem um plano que é melhor do que o seu!

Quanto mais você acredita no amparo do Universo, mais recebe. Você pode aceitar que a manifestação é um processo colaborativo e que o espírito o guiará no caminho quando você estiver inspirado. Acreditei nessa visão porque ela me fez sentir bem. A força na minha crença é que me deu o poder interior para pegar o telefone e ligar para o Allen primeiramente. A crença surge quando você não se desculpa por seus desejos e, sem medo, os reivindica. Ao fazer preces e meditar diariamente, permaneci conectada com o espírito e o serviço por trás do meu desejo. Expressar essa conexão me permitiu continuar comprometida com minha visão, mesmo quando Allen ficou em silêncio por meses.

Seu ego pode resistir ao conceito de acreditar na orientação do Universo. Quando você perceber essa resistência, volte para o seu diário e leia o que escreveu sobre seu desejo de alegrar e servir ao mundo. Quanto mais você sintoniza seus pensamentos e sua energia com a alegria e o serviço que quer, mais acreditará que o Universo te ampara.

Etapa 3: Aja conforme a sintonia espiritual

Com inspiração, serviço e crença, você está pronto para agir. Você saberá que está tomando medidas espiritualmente sintonizadas porque parecerá praticamente natural. Você não duvidará de si mesmo nem pedirá a opinião de outras pessoas. Vai se sentir conectado a cada movimento que fizer. Cada ação será amparada com confiança genuína e destemor. Não haverá resistência em seu caminho.

Eu estava em um estado de clareza espiritual quando, destemidamente, peguei o telefone para apresentar meu projeto para *The New York Times*. Minhas altas vibrações e confiança vieram por meio da linha telefônica. Se eu não estivesse sintonizada espiritualmente naquele momento, Allen teria desligado o telefone antes de eu mostrar o projeto. A sintonia espiritual é o que movimenta essa manifestação.

Agir conforme a sintonia espiritual é uma experiência incrível. Você não se questiona, é otimista e sabe que está no caminho certo. Nem sequer importa como os outros reagem porque sua sintonia é suficiente para manter o estímulo positivo fluindo pelos seus desejos. O Universo rapidamente refletirá sua sintonia de volta para você. Os próximos passos se desdobrarão naturalmente. Qualquer medida espiritualmente sintonizada que você tomar estará amplamente amparada.

Etapa 4: Tenha paciência

Graças à minha paciência não pressionei Allen a escrever a história. Se eu tivesse feito isso, provavelmente o teria irritado e perdido a oportunidade. Em vez disso, me tranquilizei na minha crença e permiti que a história surgisse na hora certa. O artigo chegou um mês antes do meu primeiro livro, *Add More ~ing to Your Life*, ser lançado e logo antes de eu partir para uma turnê de divulgação. Essa publicidade ajudou a abrir muitas portas naquela ocasião. Paciência e fé no tempo Universal permitiram que a manifestação acontecesse na hora exata.

É importante entender como a paciência é uma grande virtude quando se trata de atrair seus desejos. Quando você se conecta com a sensação de saber que tudo que é para o bem maior está vindo para você, então pode relaxar e confiar que é o caminho. Se você está lendo isso, pensando: "Estou totalmente ferrada! Paciência não é o meu forte", então quero assegurar-lhe que você pode desenvolver paciência seguindo as três etapas deste método. Quando você juntar inspiração, serviço e crença pode confiar que está sintonizado com o espírito e está sendo guiado pelo supremo bem de todos. Entre em um estado de ânimo, sonhe grande e não tenha medo de acreditar em suas visões. Quando fizer isso, a paciência surgirá naturalmente.

MANIFESTAR É UMA ARTE

O Método de "Ação Espiritualmente Sintonizado" o ajudará a acessar uma força criativa interior. Como em qualquer projeto criativo, devemos aprimorar nossas habilidades e deixar a inspiração fluir em nós. Quando incorporamos essa força criativa, a vida fica realmente divertida. Mas é importante saber que manifestar não é sobre ter total controle ou satisfazer todos os nossos desejos a curto prazo. A verdadeira manifestação nem sequer é sobre conseguir o que achamos que queremos. É sobre receber o que é do supremo bem de todos. Sim, você terá experiências nas quais atrairá um resultado que é exatamente como projetou. Mas controlar resultados para conseguir somente o que você quer não é o objetivo. Lembre-se, nem sempre o seu plano é o melhor! Quando você se rende à arte da manifestação, pode confiar que o espírito o está guiando na direção de seus desejos e muito mais.

A manifestação é o processo criativo de sintonizar com a energia do Universo para cocriar uma experiência que eleva seu espírito e o do mundo. Manifestar não é sobre conseguir; é sobre se tornar. Quanto mais você se liberta, mais se harmoniza com o que deseja. Lembre-se de que sua energia atrai sua semelhança. Seguir o Método de "Ação Espiritualmente Sintonizado" o ajudará a sair do caminho e deixar o Universo ampará-lo. Você não mais se sentirá preso, bloqueado ou impotente. Em vez disso, aproveitará a força criativa dentro de si e tomará medidas importantes desse lugar de poder de Superatração. A energia positiva e fiel que você incorpora será um reflexo da energia do Universo. Em um estado de fluxo positivo, o Universo equilibra sua frequência vibracional e te sintoniza com seus desejos. Quando você está espiritualmente sintonizado, ouvindo a voz de sua sabedoria interna e deixando o amor do Universo guiá-lo, alcançará um estado de fé, em vez de medo. Quando você segue o Método de "Ação Espiritualmente Sintonizado", permite que o Universo o guie para o que é o supremo bem.

VAMOS TENTAR O MÉTODO AGORA

Para começar, faça uma lista sincera de como você faz preces para o que acha que precisa. De que maneira você está controlando suas ações para tentar forçar um resultado? Está tentando táticas diferentes para transformar seu par romântico em alguém que ele não é? Está pressionando para conseguir que seu trabalho seja visto nas redes sociais? Observe as maneiras nas quais suas ações estão amparadas pelo medo, em vez de pela fé. Comece ficando sempre atento à forma como suas solicitações de controle para o Universo podem estar te bloqueando a receber o que é do supremo bem.

É seguro ser sincero sobre as formas que você bloqueia o fluxo do Universo. Devemos olhar para o nosso ego para levá-lo para a luz. Há inúmeros exemplos em minha vida de quando tentei controlar em vez de entregar. Tentei controlar o tempo da minha concepção e o resultado do lançamento de um livro e passei meus vinte e tantos anos tentando controlar cada parceiro romântico para me sentir segura. Não me envergonho das formas pelas quais me desviei para o medo. Eu me orgulho que posso ver esses momentos de desajustes como oportunidades para testemunhar minha desconexão do Universo. Quanto antes você olhar para as formas que está tentando controlar o Universo, mais cedo pode se entregar.

Faça uma lista no seu diário de todas as formas que você está controlando seus desejos.

Depois de perceber as formas como está tentando controlar o cenário, é hora de redirecionar sua energia e utilizar o Método de "Ação Espiritualmente Sintonizado". Escolha uma área da sua vida que você tenta controlar e aplique o método nela na próxima semana.

1. **Explore a inspiração por trás do seu desejo e veja como essa inspiração serve ao mundo.** Em seu diário, faça uma lista de todas as formas que seu desejo o ilumina e como essa luz serve aos outros. Lembre-se de que há um objetivo na sua alegria, contanto que não seja à custa dos outros. Seu desejo de alegria não é egoísta. Sua alegria é um presente para o mundo e para todos à sua volta.
2. **Acredite que o Universo responderá.** Escreva claramente em seu diário o que você quer e então entregue-o dizendo: "Isso ou algo melhor." Depois habitue-se a meditar silenciosamente para sintonizar sua energia com o serviço e a inspiração por trás de seu desejo. Em sua meditação, livre-se de todas as dúvidas e indagações e permita-se sonhar com a sua visão. Experimente os sentimentos de inspiração e serviço por trás do seu desejo. Acredite na realização de seu desejo e toda a energia positiva que você traz para o mundo. Veja as pessoas que são dignificadas na presença de seu desejo e alegria. Deixe a crença se instalar. Meditar sobre o serviço e a meditação por trás de seu desejo o ajudam a acreditar que é merecedor de dar vida a ele. Para orientação por áudio desse processo meditativo, baixe minha meditação gratuita na página: *GabbyBernstein.com/SuperAttractor.*
3. **Aja conforme a sintonia espiritual.** Logo que as etapas 1 e 2 surtam efeito, você saberá que está pronto para tomar medidas espiritualmente sintonizadas, porque se

sentirá relaxado, dedicado e confiante. Um sinal claro que é hora de agir é quando você não está mais apegado ao resultado. Desapego implica fé. Sinta a fé por trás de seu desejo e dê o primeiro passo com confiança. Talvez você pegue o telefone e ligue para a mulher que está paquerando e a peça em namoro. Ou talvez apresente um novo projeto ousado no trabalho. Assim que estiver sintonizado, aja.

4. **Seja paciente.** Paciência implica você saber que o que deseja está a caminho. Quando você é paciente, deixa o Universo fazer por você o que você não consegue. Você deixa espaço para o Universo ampará-lo de maneiras que sequer imagina. Pratique a paciência e aceite.

Para praticar a paciência, faça essa prece para desapegar e aceitar.

> Aceito a inspiração dos meus desejos e sei que é o suficiente para me guiar na direção do supremo bem. Entrego esse desejo ao Universo e sei que estou sendo guiado.

Sua paciência será importante quando você estiver esperando que os outros apoiem seus desejos. A paciência abre caminho para o Universo por meio das pessoas. Quando você não está mais sufocando os outros para fazer as coisas acontecerem conforme sua programação, libera-os para receberem sua própria orientação do Universo. Quando alguém se sente pressionado, não consegue receber as mensagens que precisa para apoiar seus desejos. Essa é uma lição importante que aprendi ao usar com minha equipe. Como empreendedora, tive que praticar muito a paciência. Assim que desapego, aplico o Método de “Ação Espiritualmente Sintonizado” e abraço a paciência, minha equipe aparece nas maneiras mais magníficas. Ela me dá ideias que eu nunca teria pensado e toma decisões criativas sem depender de mim para tomá-las. Liberte as outras pessoas para que elas permitam que o Universo atue por meio delas.

Pessoas pacientes emitem uma energia de expansão, paz e tranquilidade. Essa frequência vibracional é exatamente o que o Universo responde. Observe com paciência enquanto os dons incríveis de sua criação se concretizam naturalmente. Admire o trabalho e o tempo do Universo. Se você desapegar e aceitar, ficará maravilhado com o que acontece.

FIQUE ATENTO A COMO SE SENTE AO TOMAR MEDIDAS ESPIRITUALMENTE SINTONIZADAS

Uma semana após adotar o Método de "Ação Espiritualmente Sintonizado", escreva sua experiência no seu diário de Superatração. Descreva com muitos detalhes exatamente como se sente ao tomar medidas nesse estado. Talvez sinta-se livre e despreocupado. Talvez respire aliviado, não mais obcecado por um resultado. Escreva-o para que possa se lembrar do sentimento e de seu estado emocional. Reconhecer como se sente ao agir espiritualmente sintonizado lhe ajudará na próxima vez que tiver que agir. Esteja consciente sobre a diferença entre agir com base no medo versus agir com base na fé. Conheça profundamente essa diferença para que possa se flagrar no momento e mudar. Quando se perceber desarmonizado com sua ações, volte à etapa quatro do método e sintonize-se novamente. Agir de qualquer outro lugar que não o espiritualmente sintonizado não apoiará seus desejos.

AS PROMESSAS DO MÉTODO DE AÇÃO ESPIRITUALMENTE SINTONIZADO

Quando você adota esse método regularmente, não vai mais sentir necessidade de controlar sua vida. Você se sentirá fortalecido pelas ações que toma. De muitas maneiras, você se sentirá como uma nova pessoa. Quando para de controlar e começa a aceitar, começa a observar uma mudança no seu sistema nervoso. Isso aconteceu comigo da maneira mais incrível! Quando me entreguei verdadeiramente ao Método de "Ação Espiritualmente

Sintonizado" e o tornei meu modelo, minha vida ficou totalmente transformada. Fiquei menos estressada, minha mente ficou mais leve e meu corpo, relaxado. Eu me senti mais amparada pelo Universo e por outras pessoas e senti a orientação divina a cada etapa do caminho. Melhor de tudo, me senti serena ao saber que minhas ações espiritualmente sintonizadas foram o suficiente para colocar meus desejos em ação. Sabia que tinha feito minha parte e quanto mais paciente eu fosse, mais eu receberia. Aprendi como sair do caminho e parar de interferir na ordem natural.

Minha esperança é que esse método o fortaleça, o ampare e, mais importante, traga paz. Quando você começar a confiar que suas ações sintonizadas são o suficiente, pode parar de pressionar e começar a receber. Esse é um modo incrível de viver! Se você é alguém que está tentando controlar a vida, encorajo-o fortemente que faça desse método sua maior prioridade. Mesmo que você não adote qualquer um dos outros princípios do livro e apenas domine um método, sentirá seu poder de Superatração aumentar imensamente. Quero ouvir seus milagres! Pratique esse método assiduamente por um mês e então te convido a me enviar um e-mail pela página: *GabbyBernstein.com/SuperAttractor* e deixe-me saber o que está havendo. Quero comemorar seus milagres com você!

Adotar o Método de "Ação Espiritualmente Sintonizado" é um trabalho importante para o mundo. Quando você age de um lugar de inspiração, serviço e fé, o Universo pode criar um impulso que terá grande impacto nos outros. A história que mostrei na primeira página da coluna do *Sunday Styles* não foi somente uma manifestação maravilhosa — foi um trabalho divino para o mundo. Essa história colocou meus ensinamentos espirituais diante de novos aspirantes, ajudando-os na descoberta da sua própria trajetória espiritual.

Uma semana depois que a história foi publicada, recebi uma ligação de uma jovem chamada Nicole, que vivia em Nova York. Quando estava ao telefone, ela disse: "Li seu artigo na coluna do *Sunday Styles* e era exatamente o que eu estava precisando! Tenho lutado para encontrar propósito e felicidade, e seu trabalho me inspirou a mudar meu foco e me abrir para um caminho espiritual." Essa conversa fez Nicole começar um treinamento particular comigo. Trabalhamos juntas por alguns anos e a vida dela mudou drasticamente. Ela começou a aceitar um mundo além da vida acelerada de Nova York, da revista de moda em que trabalhou ou seu status social. Ela abraçou uma vida espiritual que lhe deu tudo que ela precisava. Hoje, mais de uma década depois, Nicole é uma autoridade confiável em bem-estar, uma guia espiritual para sua comunidade e uma mãe profundamente sintonizada. Ela e eu somos amigas queridas e me orgulho muito de sua contribuição para o mundo. Nicole e eu sabemos que a história que ela leu no *brunch* sobre uma jovem mulher em uma trilha espiritual foi o impulsionador para seu próprio despertar, que redirecionou o curso de sua vida.

Ao tomar medidas espiritualmente sintonizadas, seus desejos serão amparados de maneiras que você sequer pode imaginar. Você pode confiar que seguir esse método agilizará sua atração, lhe dará um grande senso de tranquilidade e amparo do mundo! Seu desejo, sua fé e paciência, apoiados pelo serviço, te colocam em sintonia energética com o Universo, abrindo o caminho para milagres muito além de qualquer coisa que você possa "fazer" acontecer.

Praticar o Método de "Ação Espiritualmente Sintonizado" o prepara para reivindicar seus desejos quando o Universo entregá-los. Um modo eficaz para reivindicar seus desejos e multiplicar milagres é apreciar e apreciar mais! No próximo capítulo, vou orientá-lo a fazer da apreciação uma prática diária. Quando você aprecia livre, aberta e regularmente cada lição importante que aprendeu e cada milagre que recebeu, se torna um ímã para a grandeza. Vire a página e aceite o poder da apreciação.

CAPÍTULO 9

APRECIE E APRECIE MAIS

Em 2012, como parte da turnê de lançamento do meu livro *Spirit Junkie*, meus editores do Reino Unido, *Hay House*, me convidaram para ir a Londres. Eu nunca tinha ido lá antes, então foi particularmente bom ser recebida pela jovem e entusiasmada publicitária Jessica, da *Hay House*. Tínhamos quase a mesma idade e ela era uma verdadeira empreendedora. Jessica ficou muito animada para me receber. Ela organizou e planejou minhas duas semanas perfeitamente. Ela não só coordenou vários eventos, como também conseguiu para mim alguns dos melhores meios de comunicação do país. Fiquei impressionada com a sua dedicação, profissionalismo e personalidade cativante. E, além de tudo isso, me levou aos seus lugares favoritos para tomar chá e comer bolos chiques!

Jessica e eu passamos muitas horas juntas naquelas duas semanas. Eu realmente confiei nela e havia algo em sua energia que fazia eu me sentir muito cuidada. Para fechar a turnê, faríamos uma viagem para Birmingham, onde eu faria uma palestra. Foi uma verdadeira aventura! Nós nos encontramos na estação de trem e seguimos em direção ao norte em uma jornada de 2h30. No trajeto, começamos a conversar sobre tudo que estávamos esperando mostrar em nossas vidas. Eu confiei em Jessica e contei: "Vou encontrar meu namorado em Paris na semana que vem e acho que ele vai me pedir em casamento." Ela respondeu: "Que coincidência, porque vou viajar com meu namorado para

Portugal em duas semanas e tenho a mesma sensação de que ele vai me pedir em casamento!"

Conversamos animadamente a respeito de como víamos nosso futuro com nossos futuros noivos, os filhos que esperávamos ter e nossas carreiras. A única coisa que nós duas mais queríamos em nossa vida era a liberdade para fazer o que nos deixasse feliz. Jessica se abriu comigo e disse que, embora amasse viver em Londres e fosse grata pelo seu trabalho, esperava um dia viver em uma cidade de ritmo mais lento e mais tranquila. Ela sonhava com um emprego em que pudesse trabalhar de casa com seus filhos. Eu a ouvi atentamente e disse: "Com suas habilidades, você poderia trabalhar de qualquer lugar. As pessoas estão sempre procurando por ótimos publicitários e planejadores!" E falei o quanto apreciava sua *expertise* e dedicação. Elogiei sua ética profissional e expressei meu grande apreço. Então, do nada eu disse: "Quem sabe um dia a gente possa trabalhar juntas. Já pensou?"

Ela respondeu: "Seria um sonho!"

Após minha viagem bem-sucedida ao Reino Unido, fui para Paris com muito apreço pela Jessica e por todo o seu apoio. Como eu esperava, Zach me pediu em casamento em Paris! Eu fiquei exultante. Ao voltar para Nova York, mandei um e-mail para Jessica contando a novidade. Ela me respondeu que seu namorado também a pediu em casamento! Os desejos sobre os quais conversamos no trem estavam começando a se manifestar.

Quatro anos se passaram e continuei trabalhando com Jessica sempre que visitava o Reino Unido. A cada ano nos tornávamos amigas mais íntimas. Naquela época, ela foi promovida a diretora de eventos na *Hay House* Reino Unido. Testemunhei Jessica demonstrar confiança no trabalho — ela estava se destacando. Apesar de todo o seu sucesso, não fiquei surpresa quando recebi um e-mail dela dizendo que estava de mudança para o campo e procurando um novo emprego fora da cidade. Ela estava triste por deixar seu emprego na *Hay House* mas sabia que era a decisão certa para o seu futuro. Ela queria ter um filho, trabalhar de casa e viver com a tranquilidade que um longo deslocamento para Londres não permitiria.

Em muitos aspectos, Jessica e eu estávamos no mesmo ritmo. Zach e eu começamos a passar a maior parte de nosso tempo fora de Nova York. Nessa época, eu estava conscientemente desacelerando e repetindo meu mantra de vida: "Tudo está acontecendo ao meu redor, me sinto verdadeiramente amparada." Eu estava mostrando mais apoio em minha carreira e estava aberta para possibilidades criativas. No dia que recebi o e-mail da Jessica contando que havia deixado a *Hay House* e se mudado para o campo, uma voz interior forte me disse: "Trabalhe com ela!" Eu não tinha ideia de como isso faria sentido já que eu não estava querendo contratar uma planejadora de eventos ou uma publicitária. Mas eu sabia como ela trabalhava com afinco e como era inteligente, eu tinha a sensação de que ela seria capaz de resolver tudo o que aparecesse na sua frente. Então segui meu instinto e liguei imediatamente para Jessica para oferecer-lhe um emprego. Ela aceitou na hora. Em apenas um mês de trabalho com Jessica, ficou claro que ela seria parte integrante de minha equipe.

Hoje, Jessica mora no campo com seu marido e o bebê e trabalha comigo como gerente de projetos sênior! Ela me lembra com frequência o quanto é grata por trabalhar em uma empresa tão voltada para uma missão, ajudar muitas pessoas e se divertir muito. Demos liberdade, segurança e crescimento uma a outra. Um pouco de sonho e muita apreciação concretizou nossos desejos. Não passa um dia em que eu não aprecie Jessica por tudo o que ela traz para os meus negócios e minha vida. Nossa apreciação mútua criou uma relação de trabalho além de nossos sonhos mais loucos. Conseguimos tudo o que queríamos!

Acredito que essa manifestação divina veio da energia da apreciação. Os sentimentos de apreciação e entusiasmo que tivemos naquele trem em 2012 mandaram um desejo claro para o Universo. O apreço que sentimos uma pela outra liberou toda a resistência e dúvida. A apreciação abriu o caminho para que a manifestação acontecesse naturalmente e na hora certa.

Um dos elementos mais importantes para cocriar a vida que você quer é deixar a apreciação lhe guiar. Tudo o que você aprecia, cria mais. Isso acontece porque quando você está em um estado de apreciação, está em sintonia vibracional com sua verdadeira natureza amorosa. A apreciação é uma energia de aceitação e não resistência — e sem resistência somos Superatrações. Em um estado de apreciação, você está relaxado, entregue e confiante. Essa é a energia perfeita para permitir que seus desejos se concretizem. Quando você está sintonizado com a apreciação, pode entregar seus desejos ao Universo e confiar em um plano além do seu. Esse foi o meu e o de Jessica. Focamos a apreciação e o Universo nos levou na direção certa.

A APRECIAÇÃO TE TIRA DO SEU PRÓPRIO CAMINHO

O objetivo desse livro é ajudá-lo a liberar o controle e deixar o Universo amparar seus desejos. O modo mais rápido de desapegar do controle é ficar em um estado de apreciação. Quando você assume essa energia, sente-se bem independentemente de seus desejos terem se manifestado, além de se divertir ao longo do caminho que quer. Quando estamos em um estado de apreciação, estamos permitindo ativamente mais do que queremos que venha em nossa direção enquanto afastamos os obstáculos da presença de nosso poder de Superatração.

A APRECIAÇÃO CONECTA VOCÊ AO SEU PODER DE SUPERATRAÇÃO

Ao focar o que está dando certo e prosperando você se sente bem e essa sensação de bem-estar é o que atrai mais do que você quer. Porém muitas pessoas agem de modo totalmente contrário a esse. Ficam obcecadas com o que não está dando certo porque se sentem sem esperança. Ou frequentemente reclamam, o que pode oferecer algum alívio temporário para o seu desconforto, mas nada além disso. Concentrar-se no negativo só cria mais do que não queremos, ao passo que se concentrar no que podemos apreciar em nossa vida nos leva para um ponto melhor de atração. Quase todos nós podemos ficar agradecidos e felizes por algum aspecto de nosso mundo.

Normalmente, quando compartilho essa sugestão com as pessoas, me deparo com um pouco de resistência. As pessoas dizem coisas do tipo: “Mas se eu apreciar essa situação ruim, ficarei preso aqui.” Elas pensam que sua apreciação diz para o Universo que elas estão felizes exatamente onde estão.

Na verdade, sua apreciação é sua saída. Focar sentir-se bem é muito mais importante do que focar seu desejo ou objetivo exato. O Universo responde à *energia* e oferece condições e oportunidades que são uma combinação vibracional. Se o seu desejo parece difícil de alcançar, concentre-se no que parece bom e se sentirá mais perto de seu desejo. Deixe o Universo responder prontamente às suas emoções positivas e, antes que você perceba, estará mais perto do que realmente quer.

Apreciar o que você tem o coloca no estado de espírito exato para receber oportunidades melhores, o deixa mais receptivo a soluções criativas que de outro modo poderia ter perdido. Abre caminho para você ficar atento à bondade e ao apoio dos outros. Há uma energia poderosa por trás do sentimento de apreciação e ela o dignifica, abre sua mente e o transforma em um ímã para o que quer.

Você não precisa apreciar as coisas que não estão dando certo. Em vez disso, aprecie qualquer outra coisa — o que for que não estiver funcionando, funcionará. Assumir uma energia de apreciação é o modo mais rápido de sair de uma obsessão negativa. Um ótimo exemplo é o meu amigo Alex. Ele tomou uma péssima decisão, da qual não conseguia sair. Ele ficou obcecado durante meses sobre o que poderia ter feito diferente e o quão melhor as coisas poderiam ser se não tivesse feito essa escolha. Seu ponto de atração estava concentrado no que não estava dando certo, em vez do que estava. E, quanto mais ele tentava sair da negatividade, mais negativo se sentia. Isso acontece porque às vezes, quando nos esforçamos muito para sair de uma postura negativa, na verdade trazemos mais energia para ela.

Por fim, Alex chegou no fundo do poço com sua obsessão negativa e veio até mim para conseguir ajuda. Em um esforço para levá-lo para uma energia nova, perguntei-lhe o que ele apreciava em sua vida naquele momento. Sua primeira resposta foi: "Muita coisa, na verdade, mas elas me parecem difíceis de alcançar por consequência desse baita erro." Expliquei-lhe que, nesse instante, ele não seria capaz de encontrar uma saída dessa história negativa, mas poderia mudar seu foco. Disposto a colaborar, Alex começou a buscar apreciação. Ele começou a dizer como apreciava sua mulher e seus filhos. Apreciava nossas amizades, sua capacidade de aprender com os próprios erros. E então ele deixou escapar: "Uau, na verdade aprecio esse erro porque agora não vou repeti-lo!" Em questão de segundos Alex foi capaz de encontrar uma saída para a sua história negativa por meio da apreciação. Sua apreciação geral gentilmente o levou até mesmo a apreciar sua condição.

Experimente! Pegue uma área da sua vida em que você deseja que as coisas sejam diferentes. Talvez você queira um relacionamento amoroso gratificante. Em vez de focar como é difícil namorar e o quanto você não suporta as pessoas com quem você se relaciona, procure algo que aprecia em sua vida agora. Pense no relacionamento gratificante que você tem com um amigo próximo. Aprecie sua família e comunidade. Ao apreciar os relacionamentos que estão dando certo, você muda sua energia sobre os relacionamentos em geral. Você também pode ser mais abrangente com seus pensamentos, apreciar sua saúde, seus projetos criativos ou qualquer outra coisa que o faça se sentir ótimo. Talvez você queira manifestar mais abundância na sua vida, mas tudo em que pensa é na sua dívida. Comece apreciando a abundância que você tem. Aprecie seu acesso a esse livro. Aprecie a internet como um recurso poderoso para encontrar um novo emprego ou ganhar dinheiro online. Assim que você redirecionar seu foco, vai incorporar o sentimento de abundância necessário para ser uma Superatração. Esse sentimento é o que atrairá mais abundância para sua vida.

FAÇA DA APRECIAÇÃO UM HÁBITO

Há várias maneiras de fazer da apreciação um hábito. Um modo importante de começar seu dia é com ela! Escreva de três a cinco páginas de apreciação, em seu diário, todas as manhãs. Abraham-Hicks se refere a esse exercício como "um frenesi de apreciação". Enquanto você enche as páginas com o que aprecia, o amor dentro de você expandirá e você se sentirá incrível. Você pode escrever sobre as coisas mais simples. Escreva a respeito de como aprecia sua cama confortável, seu café da manhã, o trabalho que faz, os amigos que tem. Ou como diria meu amigo Joe Watson: "Seja grato por levantar-se toda manhã, tudo o mais é lucro." Você pode ser bem específico e escrever a respeito de como se aprecia pelo modo como lidou com uma situação do dia anterior. Basta entrar em um fluxo rápido de apreciação e deixar sua caneta deslizar pelas páginas. Você também pode fazer esse exercício de registrar no diário antes de dormir. Se adormecer em um estado de apreciação, aumentará sua vibração enquanto está descansando. Ao acordar de manhã não sentirá resistência, apenas amor.

APRECIE E APRECIE MAIS

Depois de desenvolver um sentimento de apreciação, continue buscando mais. Quando você entra no fluxo da apreciação, quer criar ainda mais um incentivo por trás dele. Assim que você começar a sorrir, se sentir bem e possivelmente até sentir formigamento ou lágrimas nos olhos, continue! Encontre mais motivos para apreciar! Enquanto você guia seus pensamentos para mais apreciação, constrói um impulso e aumenta a vibração de sua emoção positiva.

Nosso ego temeroso tentará com frequência reprimir nosso impulso positivo. O diálogo interior do ego é perpetuado por pensamentos e crenças negativas. Crescemos confiando naquelas crenças baseadas no medo para manter uma falsa sensação de controle e segurança. Porém nossa verdadeira segurança está em nossa capacidade de sintonizar com o amor do Universo. Por isso que é tão importante observar proativamente seus sentimentos bons e buscar mais deles. Aprecie e aprecie mais. Deixe os sentimentos fluírem livremente para que você possa sentir uma onda de energia no seu corpo. Quando você sente a apreciação se instalar, pode começar a pensar em mais coisas que aprecia. Curta a onda de emoções positivas para aproveitar seu fluxo positivo. Observe o que acontece quando você busca mais. Pode se sentir mais energizado. As pessoas à sua volta se alegrarão na sua presença. Ideias inspiradas surgirão naturalmente e você se sentirá altamente conectado com um poder superior. Quando você deixa a apreciação fluir por você, se torna um só com o amor do Universo.

Você pode até querer compartilhar sua apreciação com outra pessoa, pois ela se beneficiará das suas vibrações altas. Se você é grato por alguém na sua vida, mude seu trajeto e vá contar a ela. A apreciação é contagiosa e tem o poder de mudar totalmente a energia de um relacionamento. Meu marido e eu temos uma prática de compartilhar nossa apreciação um pelo outro na hora em que acordamos. As primeiras palavras que saem da boca são: “Aprecio você porque _________.” Listamos várias razões de porque amamos e apreciamos um ao outro. Essas manhãs quando levantamos da cama correndo e pulamos nossa apreciação, nunca têm o mesmo fluxo e a mesma energia positiva como nos dias que começamos com essa prática. Faça da apreciação um hábito para que você mantenha sem esforço uma ambiência de fluxo positivo em sua vida.

APRECIE SUAS MANIFESTAÇÕES

Não se esqueça de expressar sua apreciação assim que seus desejos se manifestarem na sua vida! Há um fenômeno muito comum que acontece quando as manifestações das pessoas se concretizam. No começo elas ficam animadas... mas logo uma voz interior de medo começa a se elevar para estragar a festa. A voz do medo o fará acreditar que sua manifestação é boa demais para ser verdade ou que alguma coisa pode dar errado. Isso é muito comum quando você está esperando há um tempão para manifestar o desejo. É aí que a apreciação entra. Na hora que você manifestar seu desejo, não meça esforços com a apreciação. Sente-se por um ou dois minutos e reflita o quanto você é grato pelo que criou. Não ignore o momento da manifestação. Comemore-o!

Sua manifestação pode provocar medo quando você atrai algo que luta para manter. Por exemplo, uma amiga minha não tem problemas para manifestar relacionamentos, mas luta para mantê-los. É sempre a mesma história: o relacionamento começa às mil maravilhas, mas depois de seis meses o cara some. Toda vez que um relacionamento dela termina, é como se ela revivesse uma cena em um mini drama. Quando ela me procurou para pedir conselhos, se culpou pelos términos desses relacionamentos. Ela dizia: "Não devo ser interessante ou inteligente o bastante. O que há de errado comigo?" Respondi cheia de compaixão e expliquei que não havia absolutamente nada de errado com ela. O que tinha de errado era seu foco. Ela nunca se permitiu verdadeiramente ficar entusiasmada com um relacionamento por medo de perdê-lo. O estrago do primeiro rompimento permaneceu na sua memória durante cada relacionamento que se seguiu. Seu medo do fim do relacionamento era o motivo exato pelo qual cada relacionamento novo terminaria. A cada vez que um cara terminasse com ela, ele diria a mesma coisa: "Você é incrível, mas algo parece errado." O que parecia errado era sua resistência e seu medo.

Essa situação parece familiar? Sabotagem de energia pode aparecer em qualquer tipo de manifestação quando ainda persistimos na resistência. Justamente quando você manifesta o que quer, a voz do medo tentará derrubá-lo. Assim, logo que manifestar seus desejos, afaste a reação do ego entrando em um estado profundo de apreciação. A melhor maneira de manter sua manifestação progredindo é apreciá-la. Permita-se embarcar em uma jornada de apreciação interna. Pense em como você se orgulha de si mesmo por atrair esse desejo. Comemore a notícia maravilhosa e anime-se para experimentar esse novo jeito de ser. Traga apenas positividade e apreciação para suas manifestações sagradas. Essa prática não só ajudará a aproveitar o que você manifestou como também aumentará sua energia para que continue a manifestar ainda mais. Coisas boas vêm para os que se sentem bem.

A APRECIAÇÃO É O ANTÍDOTO PARA PREOCUPAÇÃO

Eu sou a doida da preocupação. Passei várias horas preocupada com coisas que não podia controlar. Felizmente, com o tempo, desenvolvi uma prática espiritual poderosa e juntei ferramentas para me ajudar a encontrar uma saída para o caos da preocupação. A melhor ferramenta de todas é a apreciação. Quando você está em um estado de apreciação, não há espaço para preocupação, porque elas não podem coexistir. Sempre que me pego preocupada com alguma coisa fora do meu controle, rapidinho começo a listar razões para ficar apreciativa. Essas apreciações podem estar relacionadas à questão que me preocupa ou não — não importa. O que importa é que estou mudando meu foco de padrão viciante de preocupação para o hábito positivo de apreciação. Na hora que redireciono meu foco, a preocupação desaparece. Tem dias que uso essa prática várias vezes. Usei tantas vezes que agora a apreciação é meu modo padrão!

Perdemos muito tempo focando o que estamos vivenciando, em vez de como estamos vivenciando. Esquecemos que podemos mudar nossa experiência de qualquer coisa, simplesmente mudando nosso foco. Qualquer situação pode ser vivenciada com mais amor quando escolhemos vê-la pelas lentes da apreciação. Mesmo os tempos difíceis podem ser vistos por essas lentes. Ao escolher uma perspectiva de apreciação, você pode descobrir ótimas oportunidades de crescimento, em vez de continuar sendo vítima da sua experiência. Por exemplo, quando relembro que bati no fundo do poço por conta das drogas e do meu alcoolismo em 2005, eu não tinha nada além de apreciação. Minha profunda gratidão pela minha recuperação é o que me mantém limpa e sóbria por tantos anos. Aprecio meu vício porque ele foi o incentivador para o caminho espiritual que estou hoje. Não me julgo por ser uma viciada e alcoólatra em recuperação. Eu comemoro isso! Por meio da apreciação, fui capaz de transformar o que poderia ter sido um momento vergonhoso na minha vida em um milagre. Olho para trás para o fundo do poço e agradeço ao Universo por todas as lições divinas e direção certa no meu caminho. Acima de tudo, aprecio meu vício porque, por meio da minha recuperação, sou capaz de ajudar outras pessoas a ficarem sóbrias também.

Ao escolher entender suas experiências pelas lentes da apreciação, você pode ressignificar algo muito incômodo em um milagre. Pode escolher apreciar um coração partido como uma oportunidade de sentir profundamente, ou apreciar um diagnóstico como um incentivador para colocá-lo no caminho da cura. A apreciação lhe dá uma perspectiva que está sintonizada com o amor do Universo. Quando você vir sua vida por essas lentes, pode assumir a energia da aceitação. Ao encontrar coisas para apreciar, você pode aceitar facilmente até mesmo uma experiência difícil como um grande dispositivo de aprendizagem na sua jornada espiritual. Deixe a apreciação abrir seu caminho e conduzi-lo adiante.

APRECIE AS PESSOAS NA SUA VIDA, MESMO AQUELAS QUE TE PROVOCAM

Ao começar a dedicar sua atenção ao que aprecia nos outros, você imediatamente sente alívio. Em meu livro *Judgment Detox*, há um capítulo chamado "*See for the First Time*". Neste capítulo, sugiro aos leitores que foquem sua prática em alguém que os magoou e peço a eles que listem qualquer coisa que apreciem nessa pessoa. O objetivo é, conscientemente, ver essa pessoa em sua luz — aceitar nossa unicidade e ver que o amor dentro delas é um reflexo nosso.

Essa etapa pode ser desafiadora para as pessoas que sentem que foram maltratadas. Nesses casos, sugiro que elas apreciem o que foram capazes de aprender desse relacionamento, mesmo se foi sofrido. Digo-lhes que adotei essa prática em relacionamentos atuais e passados na minha própria vida e experimentei resultados fantásticos. Ao praticar ver pela primeira vez e apreciar as pessoas que me magoaram, comecei a sentir uma liberdade recém-descoberta. Eu me senti livre dos pensamentos de ataque quando o perdão se instalou e fui capaz de me libertar dos sentimentos diários de raiva.

Apreciar as pessoas que nos machucam ajuda-nos a liberar o domínio energético delas sobre nós. Quando magoamos os outros, bloqueamos nosso poder de Superatração, por que nossa mágoa nos mantém em um estado de baixa vibração. O perdão é necessário para vivermos com tranquilidade e, sem esforço, para atrair mais do que queremos. Deixe a apreciação ser seu guia para liberar o apego que você tem com seus pensamentos de ataque e ressentimentos do passado. Ao liberar o passado, você abre caminho para atrair o que quer no presente.

Meditar na Apreciação

Uma maneira poderosa de se conectar para ser uma Superatração é meditar no sentimento da apreciação. Em poucos minutos da sua prática meditativa, você pode se tornar um ímã para o que quer! Siga esses passos para sintonizar-se com o Universo e com o seu poder. (Entre em: *GabbyBernstein.com/SuperAttractor* para baixar a versão dessa meditação guiada em áudio.)

- Prepare-se para meditar encontrando um lugar silencioso e confortável. Abra seu diário e escreva uma página inteira de apreciação.
- Aperte o play em uma música inspiradora que você adora. Certifique-se de escolher uma música que faça você se sentir realmente bem.
- Sente-se em meditação enquanto ouve a música e pense em todas as coisas que você aprecia. Deixe sua mente perambular em mais e mais apreciação. Permita

que emoções positivas fluam por você. Experimente os sentimentos e deixe-os fluir.

- Curta o impulso dos bons sentimentos.
- Quando estiver pronto, gentilmente saia da sua meditação e pegue seu diário. Mais uma vez deixe sua caneta fluir e continue a escrever o que você aprecia. Escreva até se sentir completo.

Essa prática de meditação em apreciação o fará se sentir muito bem. Ao sintonizar sua energia a essas emoções positivas, você observará instantaneamente uma grande mudança. Se sentirá mais vivo e desperto. A inspiração fluirá por você, as pessoas vão querer passar mais tempo na sua companhia e sua atração aumentará. Inúmeras vezes na minha vida testemunhei um amparo Universal incrível e uma sincronicidade absurda após a prática meditativa em apreciação. Siga essa prática e testemunhe como sua manifestação aumentará rapidamente. O mais importante, comemore o quanto você se sente bem!

Quando você aprecia os outros e a si mesmo, é o mais próximo do que você pode chegar para se tornar compatível com a energia do Universo. Quando nossa energia se compatibilizar com a energia do amor, é nesse momento que somos verdadeiramente Superatrações. Deste estado energético, qualquer coisa é possível. Você pode curar o passado, atrair o que quer no presente e saber que o futuro se desdobrará de qualquer maneira que seja do supremo bem. Nesse estado de amor, você é poderoso além do que imagina, porque está sintonizado com a origem de quem você é. Não há resistência nesse estado; somente amor. Esse amor é o que derruba todas as fronteiras e abre o caminho. Pensamos que precisamos tentar muito para conseguir o que queremos, quando tudo que realmente temos que fazer é parar de tentar e começar a apreciar. A apreciação tem o poder de colocá-lo em um estado relaxado no qual você está receptivo para o fluxo positivo do Universo. Nesse estado de receptividade, seu poder de

Superatração está em alta e você está preparado para manifestar seus desejos. Pare de tentar e comece a apreciar.

A apreciação desempenhará um papel importante no próximo capítulo. No Capítulo 10, você será guiado para fortalecer sua fé no Universo. Quanto mais apreciação incorporar, mais fácil será confiar no poder do Universo e acreditar que você é digno de milagres. Leve sua apreciação para o próximo capítulo e a fé certamente se estabelecerá.

Um momento de apreciação, por vez guiou minhas maiores manifestações. Hoje, seis anos depois daquela viagem de trem para Londres, Jessica e eu incorporamos a energia da apreciação. Apreciamos nossa amizade, nossa colaboração nos negócios e o trabalho importante que podemos fazer nesse mundo. Apreciamos a incrível equipe de pessoas com quem temos o privilégio de trabalhar. E apreciamos você, nosso leitor, por nos dar uma razão para levantar e trabalhar todo dia. Nossa amizade e nosso relacionamento comercial é criação de Deus, porque nasceu da apreciação. E é essa mesma apreciação que continua a nos impulsionar enquanto criamos um movimento por todo o mundo. Ao encerrar esse capítulo penso no meu diário de agradecimento matinal e comemoro que Jessica está sempre no topo da página. Que a apreciação abra o seu caminho, assim como o meu. Sei que no momento que você começar a adotar as práticas desse capítulo, experimentará milagres. Concentre sua atenção nessa emoção positiva e observe seus sentimentos positivos aumentarem. Agora que você está se sentindo bem, aprecie sua capacidade de mudar sua energia rapidamente. Procure ainda mais coisas para apreciar e continue a comemorar o quanto você se sente bem. Confie nesse processo e saiba que, quanto mais você sintoniza com a energia da apreciação, mais o Universo responderá.

CAPÍTULO 10

DEIXE O UNIVERSO CAPTAR SEUS SONHOS

Em março de 2017, eu estava trabalhando duro para curar as feridas emocionais profundas do meu passado, liberar o controle dos meus negócios e aprendendo a confiar nas pessoas para receber apoio. Eu também estava tentando engravidar há três anos. Tinha um desejo enorme de ser mãe, mas continuei me deparando com bloqueios emocionais. Parecia que o Universo queria que eu focasse minha própria cura. Enquanto meu Eu Superior vislumbrava um importante trabalho espiritual para eu fazer, meu lado lógico estava frustrado e triste. Mesmo assim, cuidadosamente monitorei minha ovulação e fiz o meu melhor para que isso acontecesse. Porém, quanto mais eu tentava controlar minha concepção, mais decepcionada eu ficava. Por que eu era uma Superatração em qualquer outra área da minha vida, mas não conseguia atrair meu bebê?

Uma tarde, me sentei em meu escritório, olhando pela janela em um estado de desespero. Me senti derrotada, triste e envergonhada ao mesmo tempo. Escrevi e falei publicamente sobre meu desejo de engravidar. Fazendo isso, tentei ser uma chama de esperança para meus leitores e espectadores, mas naquele momento minha própria esperança estava difícil de alcançar. Foi difícil pôr minha fé em prática e sentir minha conexão com o Universo. Precisava de uma intervenção espiritual.

Fechei os olhos, me sentei em silêncio e respirei profundamente. Fiz uma prece para o Universo: “Mais uma vez, entrego esse desejo e aceito orientação." Ao abrir meus olhos, alguma coisa apareceu na minha visão periférica. Dois perus selvagens enormes estavam andando lentamente pelo meu gramado. Esses perus me fizeram passar do desânimo para alegria. Minhas emoções viajaram direto na escala emocional no momento em que parei de me concentrar em mim para focar esses belos animais. Eu os observava andando no declive do gramado, bicando pedaços de grama ao longo do caminho. Fiquei maravilhada com sua paz e tranquilidade enquanto a neve do final de inverno caía em suas costas. Foi um momento meditativo real e uma bela mudança na percepção que me ajudou a passar do desespero para esperança e voltar a sintonia com o Universo.

Mais tarde naquele dia convidei meu marido para meditar comigo. De vez em quando, sento com ele e convido nossos guias para falar por meu intermédio e nos orientar. Com frequência percebo que posso me conectar com meus guias melhor quando estou falando, então quando medito com Zach e convido meus guias para falar por meu intermédio, muita sabedoria pode ser revelada. Os guias também amam nos visitar juntos. Sentamos em meditação e convidei meus guias espirituais de verdade e compaixão mais elevadas para participar da nossa meditação e nos dar direção clara. Em instantes comecei a sentir minhas mãos formigarem e uma energia acolhedora de amor circular pelo meu corpo. Sentamos em silêncio por alguns minutos e então meus guias começaram a dirigir meus pensamentos. Palavras que não eram minhas começaram a surgir. Os guias nos asseguraram que o Universo tinha um plano para o nosso filho. Eles nos encorajaram a ser pacientes e confiar no tempo do Universo. Então sugeriram que eu pesquisasse no Google o significado espiritual de perus selvagens. Ri alto e expliquei para Zach sobre o minha visão mais cedo com os perus na grama. Obviamente os perus vieram me trazer uma mensagem.

Quando terminamos nossa meditação, fomos pesquisar no Google "o significado espiritual por trás dos perus selvagens". Cliquei no primeiro resultado da pesquisa e, no topo da página, dizia: "O significado espiritual de perus selvagens é fertilidade."

Zach e eu perdemos o fôlego com a mensagem importante que recebemos. Comecei a chorar de gratidão pela sabedoria espiritual disponível para mim o tempo todo.

Aquele dia foi outro momento decisivo na minha jornada de fertilidade. Vi este momento como uma nova oportunidade para entregar mais e aprofundar minha fé em um plano além do meu. Mais uma vez, aceitei que rendição e fé no Universo foram necessárias para eu cocriar verdadeiramente meus desejos. Embora meu desejo não tivesse se realizado, essa experiência ajudou a me manter confiante. Naquele dia me comprometi a liberar o tempo e deixar o Universo me mostrar o que fazer.

Quando verdadeiramente entregamos nossos desejos para o Universo, uma força poderosa de fé se instaura. Essa fé nos oferece direção certa quando estamos perdidos. Ao assumirmos uma energia de fé, ficamos receptivos, libertos e atraentes. A energia da fé é uma energia de consentimento. Ao consentir que o Universo nos oriente, podemos soltar as mãos do volante e ser guiados. Minha fé me deu um senso de certeza e liberdade. Sabia que podia parar de controlar e começar a consentir. A energia do consentimento pareceu muito melhor para mim. Ela pareceu natural e empoderadora.

Nos meses seguintes, sempre que começava a perder a esperança, lembrava da imagem dos perus na neve. Eu me apeguei à mensagem divina dos meus guias e continuei recorrendo a fé. O milagre não era que eu estivesse grávida ainda, mas que confiasse que meu filho estava a caminho. A fé é o maior milagre de todos, porque quando estamos confiantes, nos sentimos bem e quando nos sentimos bem, o Universo conspirará para concretizar nossos desejos.

No final de 2017, eu estava me preparando para o lançamento de um livro. Estava sobrecarregada com o trabalho e com uma viagem para fazer. Em momentos de estresse, eu poderia perder minha fé e descambar para a dúvida. Estava dirigindo em uma estrada rural e minha mente começou a vagar pela minha lista de afazeres, objetivos e expectativas. Naquele estado de estresse, pensei: "Quando meu bebê virá? Como vou conseguir engravidar com tantas coisas para dar conta?" Quando comecei a ficar mais surtada, de repente percebi que uma nova canção estava tocando no rádio do meu carro. A canção era *Bow to You*, de Jaya Lakshmi e Ananda. Os versos eram tão profundos que redirecionaram meu foco de medo e incerteza para a energia do amor.

Eu ouvia enquanto elas cantavam: "Você é o Criador. Você é o Apoio. Você é o Destruidor de tudo. Você é o meu amado. Você é meu companheiro. Você é meu professor de tudo. E reverencio você. E reverencio você. E reverencio você. E reverencio você." Os versos me comoveram tão profundamente que comecei a chorar. Eles me colocaram na energia do Universo e na presença de um Deus do meu próprio entendimento. Comecei a cantar a letra: "Reverencio você. Reverencio você." As lágrimas corriam pelo meu rosto enquanto sentia a presença de uma criança no carro comigo. Senti como se houvesse um bebê sentado atrás de mim, no banco de trás. E ouvi essa criança dizer: "Eu chego em março. Seja paciente e confie." Senti sua presença tão fortemente que não conseguiria negá-la. Continuei cantando: "Reverencio você. Reverencio você." Mais uma vez, recebi a orientação espiritual que precisava para sustentar a minha fé.

A cada rendição, eu era orientada a me render mais. Minha disposição para deixar o Universo me guiar me ajudou a ficar no caminho e manter a fé robusta diante da incerteza dos sentimentos de carência.

Fevereiro chegou e, com o lançamento do meu último livro atrás de mim, comecei a fazer as contas da gravidez. Percebi que se eu engravidasse em fevereiro, teria notícias de meu filho no final de março, conforme a mensagem que recebi no carro há vários meses. Comecei a ficar esperançosa de que talvez a mensagem se tornasse realidade. Mais uma vez, eu tinha um plano meu.

Março chegou e tinha altas expectativas com um teste positivo de gravidez.

Ao invés disso, fiquei menstruada. Fui parar de volta naquele lugar batido de derrota. Fiquei frustrada com o Universo. Por que minha orientação não chegou para mim do jeito que eu a ouvi? Mas, apesar de minha decepção e tristeza, soube mais uma vez que a resposta era buscar orientação interior. Embora eu estivesse questionando minha fé, a voz do Meu Eu Superior foi mais alta do que a do medo. Eu sabia que se meditasse, poderia voltar a sintonizar com minha verdade e receber mais orientação para me manter no meu caminho. Então recorri à orientação do amor. Eu me comprometi a responder ao medo com a fé e pedir amparo espiritual. Comecei a meditar e pedi outro sinal. Dessa vez pedi um sinal específico que tivesse significado importante para mim e minha tentativa de engravidar. Eu sabia que o Arcanjo Gabriel, o anjo que ajudava com a maternidade e a fertilidade, estava me guiando. E eu sabia que ele era sempre retratado segurando lírios. Então pedi a Gabriel que me mostrasse um lírio para, mais uma vez, restaurar minha fé e guiar meu caminho.

No dia seguinte, fui ao escritório do meu marido ainda me sentindo para baixo. Sentei no colo de Zach e coloquei meu celular em cima da mesa dele. Zach me abraçou e disse: "Tudo está acontecendo no tempo certo." No instante em que ele pronunciou aquelas palavras, uma canção começou a tocar no meu celular. Isso foi estranho, considerando que meu celular estava bloqueado quando o coloquei na mesa de Zach. Fui desligá-lo mas fiquei chocada quando vi o nome do álbum na tela. Era "*I See the Sign*" e a música se chamava "*Way Go Lily*". Voltei para o colo do meu marido e disse: "Isso é um sinal! Vamos ouvir." Admiti esse sinal como outro lembrete do Universo de que minha fé é mais forte do que meu medo. Nos sentamos e recebemos a orientação mais incrível. Sam Amidon, cantou a palavra "*lírio*" repetidamente. O Universo falou diretamente para nós mais uma vez. Da mesma forma com os perus e a canção no meu carro, continuei a me sentir orientada. Esse foi um dos sinais mais claros e intensos que já recebi: O álbum "*I See the Sign*" tocou a música "*Way Go Lily*" quando meu celular estava completamente bloqueado. Sem mencionar que nunca tinha ouvido essa música antes nem a tinha salvo em qualquer *playlist*. Eu me desmanchei em lágrimas de alegria. Foi maravilhoso receber essa orientação clara.

Quando perdemos a fé, temos duas escolhas: Podemos nos deixar levar pela nossa história de medo e tentar controlar nossos desejos. Ou nos entregar ao Universo e acolher a orientação para restaurar a nossa fé. Sempre que você escolher a última, será conduzido de volta para a fé e o amor. A fé está sempre disponível para você quando você acaba com sua descrença e deixa o Universo e o seu guia espiritual o levarem de volta para a sua mente talhada para o amor. A fé no Universo é fácil de acessar quando você está disposto a receber. Não importa quantas vezes se desviou para o medo, você sempre pode pedir amparo Universal para conduzi-lo de volta para a fé no amor.

A orientação espiritual me levou de volta para o amor naquele dia de março, quando "*Way Go Lily*" começou a tocar. Hoje, enquanto escrevo esse capítulo, estou ouvindo a música "*Way Go Lily*" ao fundo, me sentindo maravilhada pela orientação que recebi. Hoje é dia 28 de julho, exatamente 120 dias depois de 30 de março, o dia que engravidei do meu menininho. Esse dia é significativo, porque na tradição iogue, o 120º dia após a concepção é o dia em que a alma entra no corpo da mãe e escolhe vir para esse mundo. Como o Universo determinou, meu filho chegou na hora certa. No final de março, nosso menininho foi concebido.

Ao acordar essa manhã, soube que era hora de escrever esse capítulo. Soube que era hora para meu guia espiritual e eu comemorarmos minha incrível jornada de concepção e minha disposição para ser guiada. Conceber meu filho é uma das oportunidades mais magníficas que já recebi. O que a tornou incrível foi a oportunidade que tive de me entregar e fortalecer minha fé. O verdadeiro milagre é ter fé, não importa o que aconteça. Se seus desejos ainda não se concretizaram, por favor saiba que toda vez que você recorre à fé, está recebendo o melhor presente do Universo. Viver com fé lhe ajudará a se sentir pleno, seguro e amparado mesmo quando você não tem tudo o que quer ou pensa que precisa. A fé em um poder superior é o maior presente que você pode pedir.

Minha fé também me deu paciência para confiar que o Universo tinha um plano melhor do que o meu. Comemoro o tempo do Universo acima do meu. Meu filho foi concebido no momento que me senti segura, saudável e protegida. Comemoro meu corpo por ter se curado o suficiente para carregar um bebê. Comemoro meu marido por ter sido minha fé quando fraquejei. Comemoro minha disposição para entregar meus desejos por três anos enquanto deixei o Universo captar meus sonhos. Enquanto escrevo esse capítulo, estou no meio da minha gestação e já consigo ver meu filho como o meu maior professor. Ele já me deu o dom da entrega e me ajudou a aprofundar minha fé no Universo. Querido filho, "Reverencio você"...

O CAMINHO PARA FÉ

Orientação profunda pode ser revelada quando nos dispomos a deixar o Universo captar nossos sonhos. A sincronicidade, o amparo e a direção clara estão disponíveis para você agora se você estiver pronto para se render. Se perdeu sua fé, deixe essa história lembrá-lo de que há um plano e um cronograma além do seu. Veja isso como uma oportunidade para se entregar mais e fortalecer sua fé ao permitir que a sabedoria do Universo se mova por você.

Minha intenção é fazê-lo crer que você é uma Superatração. Com essa fé, você pode ser guiado pelo Universo. Quero que você conheça a experiência de receber orientação espiritual. Quando você permite essa orientação na sua vida, confiará em cada etapa do plano que se desenvolve.

Siga o método que descrevi abaixo e deixe o Universo captar seus sonhos.

ENTREGUE SEUS PLANOS

Tornar-se fiel requer que entreguemos nossos planos, cronogramas e programações para permitirmos que o Universo nos guie. Como você já sabe, nossos planos e nosso desejo de controlar podem atrapalhar a orientação que desejamos para a maioria. Temos uma falsa crença de que sabemos o que é melhor e que podemos fazê-la acontecer seja lá o que *ela* for. Por exemplo, durante minha tentativa de engravidar, passei muitos anos tentando controlar o cronograma e o resultado — comendo certos tipos de alimentos, monitorando minha ovulação e imaginando o futuro de toda a situação. Colocar toda a minha energia no planejamento e no controle não me abriu caminho para a fé. Mas quando finalmente entreguei meus planos para o Universo, recebi direção clara. Entregar meus planos para um poder superior me deu liberdade para desacelerar, escutar e receber. Nesse estado receptivo, pude ouvir minha voz interior de sabedoria e meus guias espirituais. Fui dotada de certeza, sinais e fé robusta. Parei de brincar de Deus e deixei-o trabalhar por meio de curadores, médicos, amigos, meu marido e meu próprio corpo. Desapeguei e aceitei.

O caminho para fé sempre começa com a entrega. Mas sejamos honestos — entregar seus desejos para o Universo pode parecer difícil e assustador. Nosso ego medroso nos convenceu de que "entrega" significa desistir de nossos desejos, nosso controle e nossa capacidade de ação. A verdade é que se entregar é o primeiro passo para receber. Se entregar seus desejos e oferecer seus planos parece perturbador, não se preocupe. Se quer se sentir livre agora, é o suficiente para começar esse processo.

Reserve um tempo para fazer esta prece.

Obrigada, Universo e guias espirituais de verdade e compaixão mais elevadas.
Estou pronto para me sentir livre.
Acolho a fé recém-descoberta.

Agora faça a prece em voz alta e dê um tempo para acomodar os sentimentos do que significa entregar-se a fé no Universo.

Observe como você se sente. Sente resistência ao entregar seus planos? Não confia que o Universo dê conta de tudo que você precisa e quer? Respeite sua resistência, mas continue praticando o "escolha novamente". Ao perceber sentimentos de resistência, escolha novamente ao fazer essa prece. Memorize a prece e a faça sempre que possível. Faça-a em voz alta ou silenciosamente sempre que se perceber tentando controlar seus desejos. Adquira um hábito de a cada momento entregar seus desejos aos cuidados de um poder superior. Quanto mais você fizer uma prece por alívio, mais liberdade sentirá. Confie no poder dessa prece e prepare-se para se render.

Nossa maior mudança espiritual não vem pela força; vem pela liberdade. Ao fazer uma prece, acolhemos a liberdade da resistência. Reconheça que entrega não requer muita ação de forma alguma. Tudo que é preciso é o seu desejo de se sentir livre e sua disposição para pedir ajuda ao Universo. Faça dessa prece seu mantra diário e faça-a sempre para se reconectar com sua força interior de Superatração.

PEÇA ORIENTAÇÃO CERTA

Depois de ter sintonizado sua energia com o Universo por meio da prece, você começará a sentir uma mudança sutil. Pode não parecer óbvia de imediato, mas a prece pela fé lhe ajudará a sentir uma conexão com um poder maior do que o seu. Cada vez que fizer essa prece, lembre-se da energia sempre presente do amor que o está amparando. Assim que se lembrar dessa conexão, estará preparado para pedir orientação. É nesse ponto que você pode pedir clareza, sinais, símbolos e orientações ao Universo. Receber sinais do Universo é como receber um tapinha nas costas e um lembrete gentil de que você realmente está no caminho certo.

Em meu livro *O Universo Está Consigo*, ensinei como pedir um sinal para o Universo. O meu foi uma coruja. Sempre que senti resistência e controle atrapalhando minha conexão de Superatração, entreguei meus planos e pedi ao Universo para me mostrar uma coruja para me ajudar no meu caminho. Em alguns dias, pedi ao Universo para me ajudar a tomar uma decisão específica e me mostrar uma coruja se minha escolha estivesse na direção certa. Em outros, simplesmente pedi ao Universo para me mostrar uma coruja para me lembrar de que eu estava sendo guiada. Pessoas de todo o mundo me enviaram mensagens sobre os sinais que usaram e a incrível orientação que receberam. Os leitores pediram sinais como borboletas, joaninhas e músicas no rádio. Quanto mais específicos foram sobre seus sinais, mais fácil foi se comunicar com o Universo e receber orientação.

Como você leu na minha história de concepção o Universo ofereceu vários sinais claros que direcionaram meu caminho. Os sinais vieram em uma forma de voz interior, uma música tocando do nada, imagens de lírios e uma sensação enorme de conexão com uma presença de amor à minha volta. Estes sinais foram tão inegáveis que não tive outra escolha senão acreditar plenamente na presença espiritual além do mundo físico. Toda vez que recebia um sinal, minha fé se multiplicava. Quero que você conheça essa sensação de fé e certeza no Universo. Quero que você receba seus sinais, para sentir o fluxo do Universo e sentir a presença angelical de amparo guiando seu caminho.

Receber essa conexão pode acontecer rápido quando você está disposto. Como ensinei no Capítulo 7, a única coisa que bloqueia sua orientação é a resistência. Então peço a você para se livrar de sua descrença, mesmo que brevemente, ao seguir essa prática. É hora de pedir sinais e ficar atento à orientação que recebe.

Há várias maneiras pelas quais você pode pedir amparo ao Universo. Escolha uma das práticas abaixo e adote-as por uma semana.

PEÇA UM SINAL AO UNIVERSO

Dialogar com o Universo pode ser muito importante, principalmente quando você tem certeza sobre a orientação que quer receber. Quanto mais claro você é sobre o que está pedindo, mais clara a resposta será. Se está tendo dificuldade para tomar uma decisão ou em dúvidas sobre um resultado, peça um sinal ao Universo de que você está no caminho certo. Escolha a primeira coisa que vier à sua mente e não duvide. Você quer ser muito claro sobre o sinal que pediu. Como compartilhei em *O Universo Está Consigo*, quando eu estava vislumbrando uma decisão importante de escolher uma casa, pedi ao Universo para me mostrar uma coruja para confirmar que a casa era a certa para mim. Se você leu esse livro, já sabe que as corujas apareceram em todos os lugares! Meus sinais claros me deram a direção que eu precisava para comprar a casa que, por fim, redirecionou o curso da minha vida.

Seja específico com o Universo a respeito de quando gostaria de receber seu sinal. Quanto mais específico você for, mais fácil será receber a informação. Aqui está um modo no qual você pode pedir: "Obrigada, Universo por me mostrar meu sinal de ____ em 24 horas se ____ for bom para mim." Então seja paciente e deixe o Universo lhe oferecer direção clara. Você pode estar pensando: "E se eu não receber meu sinal?" Bem, esse é um sinal também! Não receber seu sinal é uma orientação igualmente significativa. Se você pediu ao Universo para confirmar se está no relacionamento amoroso certo e não obteve resposta, esse é um sinal! Leve a sério essa direção. Não estou dizendo para você terminar com seu parceiro da noite para o dia. Mas sugiro que analise mais atentamente as questões fundamentais que precisam ser resolvidas. Ao fim do dia, você sempre exercitará seu livre arbítrio, mas considere os sinais do Universo (ou a falta deles) como uma orientação de apoio no seu caminho.

FALE DIRETAMENTE COM UM ANJO OU UM GUIA

Ao fortalecer sua conexão com seu guia espiritual por meio das práticas do Capítulo 7, você começará a entender as maneiras exclusivas que seus guias se conectam com você. Quando estava buscando uma direção para minha concepção, eu sabia que poderia pedir ao Arcanjo Gabriel para me mostrar lírios. Se eu vejo uma centelha de luz branca, sei que é uma presença angelical. Se vejo uma luz azul, sei que é o Arcanjo Miguel. Uma luz verde representa o Arcanjo Rafael e seus poderes de cura e uma luz dourada representa o Arcanjo Gabriel. Anjos e guias são muito claros em suas comunicações e lhe oferecem meios para diferenciar sua presença de outras orientações. Não recuse as mensagens que você recebeu deles. Peça aos seus guias e anjos para serem específicos e diretos em suas comunicações. Os guias serão criativos com a entrega de suas mensagens. Por exemplo, o pai da minha amiga Aimee faleceu há muitos anos. Ela sempre sentiu que ele se comunicava com ela por meio de seus sonhos. Em sonho, Aimee me visitou em minha casa e seu pai apareceu na minha sala de estar. Ele disse: "Meu sinal para você é um SUV branco. Olhe pela janela da Gabby e você verá um branco." Aimee acordou confusa com essa orientação, então ela me ligou para ajudá-la a interpretar o sonho. Quando ela me contou seu sonho, eu perdi o fôlego e disse: "Aimee, eu dirijo um SUV branco!" Até hoje Aimee sempre sabe que seu pai a guia toda vez que ela vê um SUV branco. Nunca duvide dos sinais que os espíritos lhe dão.

Saiba que se você estiver recebendo sinais de anjos ou guias espirituais, sua energia é receptiva e você realmente está sendo guiado. Habitue-se a pedir sinais claros para seus guias ou anjos sempre que precisar. Sua orientação vai tranquilizá-lo e dar-lhe certeza, da mesma forma que senti quando continuei a receber meus lírios.

O ESPÍRITO FALA POR MEIO DE CRIANÇAS

Como ensinei no Capítulo 5, quando somos jovens, há um véu sutil entre o mundo sensível e a esfera espiritual. As crianças em sua vida estão profundamente conectadas aos guias, anjos e ao amparo espiritual. Se você vir uma criança ou um bebê sorrindo ou olhando acima de sua cabeça, gosto de pensar que eles estão vendo ou se conectando com um guia ou anjo. Quando elas falam de seu "amigo imaginário" para você, não as ignore! Elas podem ver seus entes queridos falecidos, seus guias e anjos. As crianças estão sempre tentando transmitir mensagens espirituais para os adultos, mas com frequência são interrompidas ou ignoradas.

Há razões importantes para estimular a conexão espiritual do seu filho. Primeiro, eles recebem sinais para você! Não ignore as mensagens que eles apresentam. Por exemplo, minha amiga Beth tentou engravidar do seu segundo filho durante 2 anos, mas teve muitos abortos. O último a deixou profundamente depressiva. Ela não contou para a sua filha de 3 anos sobre o aborto, mas ela sabia, intuitivamente, que sua mãe estava angustiada. Uma tarde, sua filha se aproximou dela e disse: “Mamãe, tem um bebê a caminho para você em breve.” Beth se desmanchou em lágrimas ao ouvir isso de sua filha. Ela sentiu um fluxo de energia passar por ela como se estivesse recebendo orientação espiritual. Essa era a mensagem exata que ela precisava ouvir. As crianças têm muita sabedoria e orientação para você. Fique atento e seja receptivo.

Segundo, desenvolver a conexão espiritual de seu filho o ajudará muito ao longo de sua vida. Quanto mais você apoiar as crenças espirituais dele ainda jovem, menos provável será que ele as perca. Pense em como a vida poderia ter sido mais fácil se você sempre soubesse que esse espírito esteve ao seu lado. Se você concorda, encoraje seus filhos a falar com seus guias e aprofundar sua conexão. Ela os servirá de ótimas maneiras.

Permaneça aberto e receptivo para todas as maneiras que você possa receber sinais dos espíritos. Não importa qual dessas maneiras você pede orientação; o que importa é que você fique atento à orientação que recebe. Quanto mais sinais você recebe, mais forte sua fé se tornará. Continue a criar prova espiritual por meio de sua disposição para pedir e receber.

NÃO FAÇA NADA E DEIXE O UNIVERSO TE MOSTRAR O QUE FAZER

Esse próximo passo em direção à fé é não fazer nada e deixar o Universo mostrar-lhe o que fazer. Uma das melhores maneiras de aumentar o seu poder de Superatração é se afastar e confiar que você está sendo guiado. Todo o nosso fazer atrapalha nossa maneira de receber. Portanto, prepare-se para não interferir com a orientação Universal que está disponível para você. Se você não estiver recebendo direção clara imediatamente, então seja paciente, relaxe e se distraia com uma atividade engraçada. Quanto mais cedo você tirar seu ego do caminho, mais cedo receberá orientação. Essa é uma prática de não interferência. Quando você não mais interfere com a orientação

Universal, pode verdadeiramente sintonizar sua receptividade e conexão.

Fazer nada é confundir o ego. Ao nos sentirmos deslocados ou incomodados com nossa condição, é natural querer fazer algo a respeito. Eu tenho dificuldade em ficar no desconforto de um relacionamento ou questões que não estão sendo resolvidas. Gosto de esclarecer as coisas rápido, resolver os problemas e viver na solução. Mas às vezes a solução não consegue vir de nossa lógica e ação. Às vezes temos que ficar quietos e ouvir a solução que nos é apresentada por uma força Universal além da necessidade do nosso ego parecer resolvido. O tempo entre as resoluções pode parecer assustador e fora de controle. Mas ao não fazer nada, você abre caminho para permitir que as soluções amorosas sejam apresentadas.

Da próxima vez que você estiver tentando encontrar uma solução por causa de um senso de urgência ou medo, respire fundo. Lembre-se de que você tem orientação divina disponível e peça ajuda ao Universo. Então faça essa prece: *Obrigada, orientação Universal, por me guiar para soluções que são do supremo bem para todos*. Independentemente de fazê-la em voz alta ou não, o Universo está captando seu pedido de orientação. Quando você decide não interferir, seu ponto focal muda de tentar consertar problemas para entregar-se às soluções. Esta é uma energia muito mais poderosa para incorporar. Seu novo desejo está sintonizado com amor e o Universo sempre conspirará para trazer para você o que é do supremo bem para você e para todos. Libere suas expectativas por meio da prece, renda-se para receber amparo e confie que o Universo guiará o caminho.

DEIXE O UNIVERSO AMPARÁ-LO

Ser uma Superatração significa lembrar que você é uma extensão da energia Universal. Você é um com Deus e o Universo. Você é amor. Quando você está feliz, confiante e admirado pode sentir essa conexão completamente. Cada método desse livro o aproximou da reivindicação de sua conexão de Superatração. O objetivo é entrar num estado de receptividade e consentir. Em um estado de não resistência, você pode deixar o fluxo Universal de bem-estar ampará-lo. Isso é o que Abraham-Hicks chama de "a arte de permitir". Para praticá-la, comece reconhecendo se você está deixando a onda de bem-estar se mover por você ou não.

Nesse momento você está permitindo amor, alegria e bem-estar ou está resistindo?

Ao permitir, você se sentirá mentalmente tranquilo e livre, e terá uma fé robusta. Ao não permitir, você se sentirá ofendido, triste, culpado, frustrado, controlador e até deprimido. As emoções que sente indicam se você está conectado ao seu poder de Superatração. Pensamentos e emoções negativas irradiam vibrações baixas que o impedem de deixar o Universo ampará-lo. Abraham-Hicks sugere que quando você diz: "Eu realmente não quero que", você atrai o que você não quer. Se, por exemplo, você vive pensando sobre a possibilidade de ser demitido de seu emprego, sua energia ficará temerosa, sobressaltada, carente e descontrolada. Essa energia manda uma mensagem de medo para seu empregador (consciente ou inconscientemente) que você não é a pessoa certa para aquela função. Seu pensamento de medo incessante de perder seu emprego tem a capacidade de se concretizar. Portanto, nosso trabalho é diminuir a energia por trás de nossos pensamentos negativos ao nos rendermos às práticas desse livro. Toda vez que você faz uma prece, pede ajuda ao Universo, escolhe novamente ou simplesmente se desfaz de um pensamento negativo, se aproxima do seu estado sintonizado. Faça de sua energia e de seus pensamentos positivos sua maior prioridade, de modo que o sentimento de bem-estar se torne natural para você. O objetivo é deixar o bem-estar fluir por você em um modo de não resistência. A arte de permitir é a arte de deixar entrar o que você quer — saúde, prosperidade, alegria e amor.

Quando você permite que a força Universal do bem-estar se mova por você, pode facilmente receber sinais e orientação do Universo. Talvez você comece a ouvir músicas, receber mensagens dos amigos e até sentir direção intuitiva de sua voz interior de sabedoria. Essa orientação divina chega rápido quando você permite.

Seu ego provavelmente resistirá a essa primeira tentativa de controle. Porém, quanto mais você aceitar que se sentir bem é o objetivo, mais fácil será permitir que o bem-estar flua. Você verá que quanto mais permite, mais atrai.

Quando o bem-estar flui, é como se portas invisíveis estivessem abertas para você e o que você precisa fosse apresentado na disposição e tempo corretos. Quando as coisas parecem atrasadas ou não estão acontecendo do jeito que você quer, no fundo você sabe que tem algo melhor a caminho. Simplificando, você permite. Incorporar a energia de permissão traz graça, leveza e poder de atração. Ao vibrar com tranquilidade e magnetismo, você é verdadeiramente uma Superatração.

Habitue-se a analisar suas emoções, reconhecer quando está dessintonizado e então utilizar qualquer método desse livro para voltar para um modo receptivo. Testemunhe suas emoções. Observe suas emoções, entregue-se ao bem-estar e então não faça nada e deixe o Universo mostrá-lo o que fazer.

DEIXE O UNIVERSO CAPTAR SEUS SONHOS

O passo final para o fortalecimento de sua fé no Universo é deixá-lo captar seus sonhos. Você pode ter várias visões de sua vida. E talvez nesse momento elas pareçam difíceis de alcançar. Mas estou escrevendo esse livro para ensiná-lo que desde que você esteja sintonizado com sentimentos empoderadores, seus desejos serão uma combinação vibracional para você. Quando você tem fé no Universo, é seguro manter visões importantes mesmo que você não consiga vê-las ainda. Quando você prioriza a sintonia com o Universo, não precisa se desculpar pelos seus desejos. Não tem a ver com o quanto você pressiona ou o quanto concretiza. Atrair seus desejos tem a ver com sentir-se bem e confiar que o Universo está guiando o caminho. Sim, é claro que você tem que colaborar com seus sonhos. Fazer uma entrevista de emprego, namorar, se exercitar. Mas quando você se sente bem, suas ações espiritualmente sintonizadas estão amparadas pelo amor do Universo e você sabe que está atraindo.

Deixar o Universo captar seus sonhos significa que você está disposto a ser paciente. Você está disposto a entregar seu cronograma, sua programação e suas necessidades perceptíveis. Você está disposto a ter fé em um tempo além do seu. A paciência foi minha maior virtude quando externei minha vontade de ter um filho. Assim que verdadeiramente aceitei que o Universo tinha um plano melhor do que o meu, a paciência se tornou natural. Aceitei a jornada, a cura e o processo. Confiei que meu cronograma podia não ser tão saudável, tão tranquilo, tão perfeito como o que o Universo tinha reservado. E estava certa. Posso olhar para atrás agora e dizer: “OBRIGADA, UNIVERSO!” Sou profundamente grata por não ter engravidado um dia mais cedo. A época em que engravidei foi o momento perfeito na minha vida. Eu me senti mais amparada do que nunca. O Universo captou meu sonho no momento mais divino para eu aproveitar a gravidez e me sentir segura quando eu me tornasse mãe. Por isso sou verdadeiramente grata.

Sei que quando você também deixar o Universo guiá-lo, conhecerá essa liberdade. Você vai olhar para trás e dizer: “Obrigado Deus por não ter acontecido mais cedo.” E se sentirá abençoado porque teve oportunidade de aprender, crescer e se divertir ao longo do caminho. É disso que se trata. Confie em um plano além do seu e deixe o Universo captar seus sonhos.

Que as palavras neste capítulo fortaleçam sua fé, aliviem seu desejo de controlar e o aproximem da sensação de liberdade. Aceite esses passos sinceros e deixe o fluxo do amor sempre presente se mover por você sem esforço.

E muitos milagres virão. Você ficará surpreso por aquilo que recebe quando se entrega verdadeiramente ao Universo. Na verdade, os milagres são tão maravilhosos que você pode até rejeitá-los no começo. Você pode começar a pensar: “Isso é muito bom para ser verdade.” Ou pode se sentir indigno dos dons maravilhosos que você recebe. Se perceber essa resistência, não se preocupe. Te dou cobertura. No último capítulo, vou orientá-lo a aceitar a grandeza de uma vez por todas. O próximo capítulo abordará essa resistência e lhe dará a direção clara de como liberá-la para que você possa aproveitar a riqueza da vida! Siga minha orientação e renda-se ao fato de que você é uma Superatração.

CAPÍTULO 11

FÉ INABALÁVEL NO UNIVERSO

O começo do meu terceiro mês de gravidez foi um dos momentos mais mágicos da minha vida. Eu estava ainda mais perdidamente apaixonada pelo meu marido, que foi incrível cuidando de mim. Eu aproveitei de verdade minha gravidez e nunca me senti mais saudável, sexy ou mais viva. Meus negócios estavam prosperando também. Atraí ótimas parcerias e minha equipe estava realmente aumentando. Eu estava no fluxo.

Mas, em uma manhã, fui arrancada da onda de bem-estar. Eu estava em uma conversa casual com uma amiga querida, que trouxe à tona histórias assustadoras sobre o terceiro mês de gravidez. Normalmente, eu teria a sensibilidade para me retirar da conversa ou pediria educadamente para a pessoa mudar de assunto. Mas nesse caso a mensagem vinha de alguém que eu amava e confiava. Ela só queria o meu bem, mas suas precauções me enfiaram em uma espiral de medo. Larguei a conversa e na hora comecei a ficar obcecada, tentando controlar e me prendendo em projeções de medo. Justamente quando pensei que estava realmente fluindo com o ritmo positivo do Universo, me deparei com a resistência do meu ego com todo o amor e positividade que cultivei. Presa em uma espiral de medo, comecei a ligar para todos os meus amigos médicos para me aconselhar e fui procurar sintomas e histórias no Google. Antes mesmo de perceber, eu estava de volta ao medo do meu corpo e tinha enfraquecido minha conexão espiritual.

No início foi difícil ver o que realmente estava acontecendo. É tão fácil esquecer as armadilhas cruéis do ego! Fiquei presa no drama e nos medos do mundo, e temporariamente afastada do meu poder de Superatração. Eu me dessintonizei do amor do Universo e virei as costas para a fé. Para piorar, comecei a acreditar que minha obsessão com essas histórias negativas fossem se manifestar na minha vida. Meu medo de externar o problema só o aumentou. Fiquei presa em uma teia de medo e deixei meu ego me derrubar.

Como isso aconteceu? Como errei tão feio?

O que houve foi que quando eu estava sintonizada com o Universo, a vida era boa. Realmente boa. Como proporia a Lei de Atração, meu foco no amor e na fé me guiaram para o que eu realmente desejava. Mas o medo — o ego — não consegue sobreviver nessa luz. E, embora eu tenha trabalhado muito para enfraquecer a voz do medo, ele ainda me pega quando as coisas ficam boas. *Um Curso em Milagres* diz: "O ego teme a alegria do espírito, porque depois de experimentá-la você revogará toda proteção do ego e não investirá mais no medo." Diante da alegria do espírito, o ego se intrometeu e me convenceu de que, de fato, estava tudo *muito bom* para ser verdade.

Essa espiral de medo perdurou por mais de duas semanas. Não consegui passar o dia sem me sentir presa em um drama na minha cabeça. Continuei levando meus medos para o meu marido e não consegui dormir a noite inteira. Finalmente, cheguei ao máximo do drama. Eram quatro da manhã e não conseguia dormir porque estava consumida pelo medo e pela ansiedade. Saí da cama e fui meditar na sala de estar. Comecei minha meditação com uma prece: *Universo, reconheço que não estou em sintonia. Estou pronta para me livrar desse medo. Em vez disso, escolho o amor.* Então fechei os olhos e repeti o mantra: "*Em vez disso, escolho amor.*" Eu me sentei em silêncio, repetindo esse mantra muitas vezes, por alguns minutos. "*Em vez disso, escolho amor. Em vez disso, escolho amor. Em vez disso, escolho amor.*" Por fim, me embalei no mantra e entrei em um estado profundo de paz e serenidade. Rapidamente voltei a sintonizar com o Universo.

Depois de alguns minutos marinando nessa quietude amorosa, ouvi uma voz interior alta dizer: "O medo é um guia para voltar ao amor." Essas palavras me trouxeram alívio instantâneo. Meu Eu Superior estava me dando permissão para esquecer o medo e usá-lo como um veículo para voltar ao amor. Essa mensagem me lembrou que posso escolher novamente em qualquer momento e que não tenho que temer meu medo. Daí em diante, aceitei uma nova história. Aceitei minha fé no Universo e escolhi me comprometer com o amor. Decidi voltar a sintonizar completamente com minha fé em minha saúde, com a força do meu bebê e com a verdade que eu sabia que era real. Perdoei minha amiga por despertar esse medo em mim e encontrei gratidão nessa lição importante.

Aceitar o medo ilumina. Na hora que aceitei meu medo como um guia de volta ao amor, fui capaz de me livrar de seu domínio. Pude ver o medo como uma oportunidade de fortalecer minha fé, como uma distração temporária ao invés de uma realidade permanente. Aceitei que o medo foi minha escolha, e eu podia escolher novamente em qualquer momento.

Essa experiência aconteceu na hora certa para me ajudar a sintonizar de novo com o amor antes do fim da minha gravidez. Também me permitiu terminar esse livro para lembrá-lo de como é fácil resistir ao amor quando a vida está boa. Ao seguir os métodos desse livro, você sentirá o amor do Universo fluindo por você durante toda a sua vida. Belas sincronicidades aparecerão, o amparo lhe envolverá e você sentirá uma conexão profunda com um poder superior. Mas é bem provável que a voz do medo possa se manifestar e tentar interromper o seu fluxo. Você pode se perceber negando sua grandeza e esquecendo sua conexão espiritual. Você pode retornar aos padrões de controle, esquecer seus guias espirituais e perder de vista a força do Universo. Pode até sentir medo de se sentir bem.

Se isso acontecer e a voz do medo tentar convencê-lo de que *é muito bom para ser verdade*, não surte. Recorra a esse capítulo e siga a minha orientação. Não tema seu medo. Você pode usá-lo como um meio de se aproximar do amor. Observe seu medo quando ele aparecer e siga minha orientação abaixo para se manter sintonizado e fortalecer sua expectativa positiva de toda a grandeza que continuará a surgir para si!

RESPEITE SEU MEDO COMO UM GUIA PARA VOLTAR AO AMOR

Não há razão para fugir ou negar seu medo. Na verdade, isso só o incentiva mais. Em vez disso, seja um observador gentil de quaisquer projeções assustadoras que atrapalhem sua fé de Superatração. É possível que o medo intervenha e tente se meter toda vez que a vida realmente começar a fluir e você manifestar um grande sonho. Você está em uma jornada de aceitação de milagres em sua vida. Qualquer jornada que envolva mudanças de hábitos profundamente enraizados terá obstáculos ao longo do caminho. O medo é o hábito mais cruel de todos e não desaparecerá da noite para o dia. Saiba que ele aparecerá e escolha mudar o modo como você o vê.

Você pode optar por ver seus momentos de medo como um belo contraste. O medo é um lembrete gentil do que você *não quer*, portanto te ajuda a esclarecer o que você *quer*. Quando perceber um pensamento de medo aparecer, você pode escolher novamente. Apenas observe os pensamentos e sentimentos e retorne ao Método "Escolha Novamente" para redirecionar seu foco.

1. **Observe o medo.**

Observe quando os pensamentos temerosos começarem a sabotar seu fluxo positivo e questione-se: "Como me sinto agora?" Permita-se sentir tudo que está surgindo para você.

2. **Perdoe o pensamento.**

Perdoe seus pensamentos temerosos e comemore seu desejo de voltar a se sentir bem! Você pode dizer em voz alta para si mesmo: "Eu perdoo esse pensamento e sei que ele não é real."

3. Escolha novamente.

Responda essa pergunta: "Qual o melhor pensamento que posso ter agora?" Então peça ao Universo para ampará-lo quando você se voltar para os pensamentos bons. Tire um tempo para alcançar os pensamentos positivos sobre o que você quer e como você quer se sentir.

Você pode sempre confiar no Método "Escolha Novamente" para ajudar a redirecionar seus pensamentos. Se o medo te pega de jeito e escolher um pensamento mais positivo parece difícil de conseguir, você pode continuar na Etapa 2 do Método "Escolha Novamente" e simplesmente esquecer o pensamento. Esquecer o pensamento te muda para uma energia de aceitação, em vez de resistir. Quando você perdoa o pensamento temeroso, está reconhecendo que seu medo não é a sua verdade. Perdoar seus medos permite a você retornar para o amor quando você está pronto. Aceitar um relacionamento mais positivo e fortalecedor com o medo é o modo mais rápido de superá-lo.

Não tenha medo de que o medo atrapalhe sua manifestação. Você agora está tão sintonizado com o seu poder de Superatração que, em qualquer momento, você pode mudar sua energia e voltar a sintonizar. Os casos de medo, ainda que durem vários dias, nunca o desconectarão realmente de seu fluxo positivo. Você só tem que se lembrar de liberar seu medo e voltar a sintonizar.

Torne isso seu mantra: *Em qualquer momento posso liberar meu medo e voltar a sintonizar com meu poder de Superatração.*

ADOTE UM PADRÃO

À medida que você começar a se sentir melhor, precisará aceitar a ideia de que pode ter um novo padrão para a sua felicidade. Quando você tem um novo padrão para a sua felicidade, aceita que é seguro se sentir bem, é natural progredir e seus desejos podem fluir para si facilmente. Com seu novo padrão para a felicidade, você permite sentir-se bem e atrair o que quer. Você não precisará mais oscilar entre a fé e a incerteza. Não vai mais esperar que tudo desabe e não se desculpará pelo modo como se sente. Não resistirá mais à sua grandeza.

Por anos lutei contra o sentimento de vítima de minhas lembranças traumáticas, padrões viciantes e histórias do passado. Porém, à medida que crescia para aceitar uma nova normalidade e confiar que era tranquilo me sentir bem, precisei de um novo padrão para a minha felicidade. Eu me permiti me libertar do vitimismo e escolher viver uma vida maravilhosa!

Reserve um tempo para ler essa bela passagem de *Um Curso em Milagres*:

> Você consegue imaginar como seria um estado de espírito sem ilusões? Como seria? Tente se lembrar há quanto tempo foi — talvez um minuto, talvez menos ainda — quando ninguém apareceu para perturbar a sua paz; quando você tinha certeza de que era amado e protegido. Então tente imaginar como seria ter esse momento prolongado até o fim dos tempos e pela eternidade. Então deixe a quietude que você sente ser multiplicada cem vezes e depois ser multiplicada mais cem.

Esse pode ser o seu novo normal. Você pode viver em um mundo sem ilusões, em que ninguém possa perturbar a sua paz. Quanto mais você curar o hábito do medo e adotar o do amor, mais a felicidade lhe será natural. Deixe sua sensação interior de quietude se multiplicar a cada dia, enquanto você fortalece sua fé na orientação espiritual e no amor do Universo. Certifique-se mais e mais de que você é amado e está seguro a cada vez que pedir ajuda para seus guias ou anjos. Saiba que ninguém pode perturbar sua paz quando você reivindica seu poder de Superatração. Aceite seu novo padrão hoje.

SEJA FELIZ NA ANTECIPAÇÃO DO PORVIR

Para continuar sincronizado com o Universo, temos que nos lembrar continuamente de aceitar que nossa energia positiva está sempre amparada. Quando estamos alegres por antecipação com o que está por vir, esperamos milagres, nos sentimos confortáveis no fluxo positivo e não resistimos mais ao amor do Universo. Continuamos gratos por tudo o que existe, mesmo quando as coisas parecem não estar funcionando. Uma vez, ouvi alguém do grupo de recuperação do *Al-Anon* dizer: "Gratidão não significa que temos que ser felizes com tudo, mas sermos gratos pelas lições." Podemos aceitar que mesmo os momentos mais difíceis são lições divinas para nos guiar de volta para o amor. Podemos optar por perceber a vida toda, desde a positividade até os desafios, por meio das mesmas lentes do amor. Essa percepção da vida surge quando aceitamos que temos direito a milagres.

Viver alegre por antecipação com o porvir abre o caminho para soluções em todas as situações, mesmo as mais difíceis. Ficar sintonizado é tudo que é preciso para você antecipar o milagre. Quando você fortalece sua fé no Universo e aumenta o incentivo por trás de seus desejos, pode esperar resultados positivos. Não é sempre fácil em um mundo repleto de medo, mas quando você aceita que se sentir bem gera mais bondade, então pode esperar o amparo Universal que está sempre disponível para si.

Uma vez, vi uma propaganda que dizia: "Fé não é a esperança de que Deus lhe ajudará. Fé é saber que a ajuda está a caminho." Quando reivindicamos nossos desejos, devemos confiar que o Universo está captando o que lançamos nele. Não temos que esperar que o amparo dê as caras; só ter certeza de que ele está a caminho. Espero que até agora você tenha experimentado a rapidez com que o Universo pode aparecer para apoiá-lo. Você pode ter recebido um sinal de um guia espiritual, sentido alívio imediato quando fez uma prece ou mesmo visto seu desejo se realizar por completo. Comemore o amparo do Universo e espere mais dele. Todo mundo tem a capacidade de receber milagres quando escolhe externar um sinal positivo.

Confie que sua energia positiva é suficiente para permitir que seus desejos apareçam na sua vida. Quando você tem fé no seu poder de atração, pode ser feliz por antecipação com o porvir. Em vez de se preocupar com o futuro, pode saber que tudo está bem quando você está sintonizado no presente. São os momentos de sintonia que focam seu ponto de atração na direção exata do que você deseja. Deixe-se animar com seus desejos e sinta seu caminho na energia de tudo que você está criando. Saiba que sentir-se bem por si só é um ato radical de criação.

IMPORTE-SE COM O QUE SENTE

Antes de mais nada, se importe com como você se sente. É claro que todos nós queremos nos sentir bem, mas conscientemente não pensamos nem agimos de modo que nos sentimos bem. Na verdade, sempre fazemos o contrário. Importar-se com como se sente significa que você fica mais cuidadoso com as palavras, os pensamentos que escolhe e com as ações que adota. Significa que você sai do seu caminho para sintonizar novamente com sua energia de amor.

Quando você se importa como se sente, mantém sua energia de receptividade. Desse lugar de receptividade, tudo que você tem que fazer é pensar sobre o que deseja e o Universo responderá. Fique atento ao que acontece quando se sente bem. Como as pessoas reagem a você? O quão rápido os problemas são resolvidos? E o quão fácil é para você atrair o que deseja?

Meu método favorito para direcionar minhas emoções positivas é algo que chamo de "Planejamento Diário". É fácil fazê-lo. Todo dia de manhã, ao acordar, abra seu diário de Superatração e responda a essas quatro perguntas:

Como quero me sentir hoje?

Quem eu quero ser hoje?

O que quero receber hoje?

O que quero dar hoje?

Fique à vontade para responder cada questão o mais específico possível. Esse é um processo de cocriar seu dia com o Universo. Veja-se aproveitando a conclusão de uma tarefa que você tem evitado. Imagine-se tendo encontros positivos com todo mundo, de familiares até colegas de trabalho. Imagine sua manhã transcorrendo tranquilamente. Planeje seu dia exatamente como você quer que ele seja e divirta-se escrevendo sobre ele.

O processo de planejar seu dia e escrevê-lo é um modo poderoso de se concentrar exatamente em como você quer se sentir. Faça do Método de "Planejamento Diário" um hábito matinal e você observará que as coisas funcionarão exatamente como planejou — ou que alguma coisa ainda melhor acontecerá. As pessoas reagirão a você mais positivamente. Ao se importar em como se sente e direcionar seu foco em visualizações positivas, você permite ao Universo ampará-lo. Quanto mais você tem pensamentos positivos, mais sua capacidade para receber cresce.

CONSCIENTIZE-SE DE SUA ENERGIA

Outra maneira de se certificar de que você está se importando a respeito de como se sente é ficar atento às interações que tem com os outros. Lembre-se que somos todos seres vibracionais, então é fácil captar o que outra pessoa jogou fora. Você pode nem perceber quando alguém tem um domínio energético sobre você. Mas pode ficar muito mais consciente da maneira como a energia de outras pessoas o afetam. Fique atento a como se sente perto de outras pessoas e faça a sua parte para ficar consciente de sua própria energia. Você não tem que evitar ou julgar as pessoas por terem vibrações baixas. Em vez disso, escolha criar limites claros, peça para mudar de assunto, ou até de forma educada sair de uma situação que está baixando seu estado vibracional. É sua responsabilidade cuidar da sua energia. E lembre-se de que a energia de outras pessoas *não* é responsabilidade sua. Você não é responsável pela felicidade de outras pessoas. Cada pessoa tem o poder de mudar sua própria vida, você não pode fazer isso por elas. Se tentar forçar positividade em alguém, se sentirá sugado.

A melhor coisa a fazer por elas é se sentir bem. Quando você se sente bem, aumenta a energia ao seu redor e as outras pessoas a captam. Você pode confiar que suas emoções positivas trarão resultado tanto para você como para os outros.

BUSQUE ALÍVIO EM VEZ DE SOLUÇÕES

Como uma Superatração, você sabe que suas vibrações positivas levam a experiências positivas. Comece a aceitar e esperar que quanto mais positividade você coloca em sua vida, mais amparado se sentirá. Essa expectativa positiva lhe dará uma sensação de liberdade e tranquilidade em todas as suas experiências diárias. Por exemplo, talvez você tenha se desentendido com um amigo e está tentando encontrar uma solução imediata para revidar ou tentar consertar a situação. Mas, em vez disso, você pode seguir as orientações de Abraham-Hicks e conseguir alívio, em vez de uma solução. Consequentemente como resultado de conseguir alívio você alcança uma vibração positiva e logo a solução surge para você.

Como conseguir alívio? Você pode fazer isso por meio da prece, repetindo uma afirmação positiva ou até se distraindo com qualquer atividade que te alegre. Você tem o poder de redirecionar seu foco sem a obrigação de encontrar uma solução. Às vezes eu mesma me pergunto: "Prefiro estar certa ou feliz?" Essa pergunta sempre me ajuda a voltar para a verdade do que quero — me sentir bem! Quando faço da felicidade minha prioridade sobre estar certa ou buscar soluções, posso voltar rápido para uma energia de tranquilidade. Tente isso toda vez que estiver tentado a consertar uma situação e encontre alívio em vez disso. Na hora que você encontrar alívio, as soluções o encontrarão.

A PRÁTICA DA NÃO INTERFERÊNCIA

A prática de não interferência é crucial quando se vive como uma Superatração. Podemos atrair muito mais quando saímos do caminho. Faça o possível para não controlar a situação, mas em vez disso deixe-a se desenrolar naturalmente. Você fez um ótimo trabalho sintonizando sua energia. Agora confie que sua sintonia é o suficiente para receber. Quando você está sintonizado com sua natureza verdadeira, pode relaxar, ficar tranquilo e deixar o Universo repleto de energia fluir por você. Aceite o apoio dos outros. Deixe as pessoas te ajudarem. Deixe os milagres se revelarem.

Como você poderia esperar, seu ego vai querer resistir a isso. Quando alguma coisa com a qual se importa estiver em jogo, você vai querer interferir, brincar de Deus e tentar fazer as coisas do seu jeito. Sua "não resistência" é necessária para permanecer no fluxo com o Universo. Diariamente, faça disso uma prioridade para liberar um pouco mais de resistência. Quando você se perceber duvidando de alguma coisa, entregue ao Universo por meio de prece. Quando se pegar julgando os outros rapidamente escolha um tema mais afetuoso. Se acordar se sentindo dessintonizado, volte para o seu diário e use o Método de "Planejamento Diário". Ou recorra à prática do Capítulo 10: *não faça nada e deixe o Universo mostrá-lo o que fazer.* Todas essas práticas lhe ajudarão a sair do caminho e liberar resistência. Cada método desse livro é planejado para ajudá-lo a entrar num estado de permissão.

Fique atento às suas emoções e deixe-as indicarem seu nível de resistência. Se você se perceber dessintonizado do amor, isso significa que não está permitindo o fluir do sentir-se bem. Não confunda suas emoções. Retorne à escala emocional e, delicadamente, volte para a alegria. Mantenha seu compromisso de voltar para o amor e pode confiar que está permitindo. Encontre um jeito de se manter em harmonia com as emoções do sentir-se bem para que o amparo e o amor do Universo fluam por você em um estado de não resistência.

Abraham-Hicks se refere a isso como a arte de deixar entrar o que você quer — permitir saúde, prosperidade, bem-estar e amor. Abraham-Hicks enfatiza que não há fonte de doença; pelo contrário, há o não deixar a saúde entrar. Não há fonte de escassez; somente não deixar entrar a abundância. Mude a percepção do que você imagina estar faltando para o que você não está permitindo. Você verá que sua percepção do que está faltando é um reflexo de sua resistência ao amor do Universo. Adote pequenas ações diárias para liberar sua resistência e deixar entrar tudo o que deseja.

Está na hora de permitir o fluir do amor abundante do Universo. Permita-se sentir-se bem e sonhar grande. Não prejudique seus desejos e suas visões com crenças e palavras limitadoras. Reivindique o que você pode ser e tenha o que deseja. O amor está disponível para ti. Você pode rejeitá-lo ou aceitá-lo. Essa é a hora de permitir.

EMPENHE-SE EM SER UMA SUPERATRAÇÃO

Conforme termino esse livro, estou perto de dar à luz. Acordei essa manhã e soube que era a hora certa de concluir nossa jornada juntos. Aqui estou, no meio da maior incerteza que já enfrentei. Meu trabalho de parto está em grande parte fora do meu controle, meu médico adora me lembrar que estou parindo aos "39 anos" e minha vida está prestes a mudar para sempre.

Em vez de deixar o medo da minha idade ou do meu parto me consumir, me voltei para prática espiritual e pedi um sinal claro para me assegurar de que estava tomando a decisão certa. O sinal que escolhi foi um cardeal, pois, mais cedo naquela semana percebi que a gravata de meu médico era toda enfeitada com cardeais. Perguntei a ele sobre a gravata, e ele disse: "Amo pássaros, e os cardeais são os meus preferidos." Já que estava pedindo orientação relacionada ao meu médico e meu parto, escolhi o cardeal como meu sinal. Dias depois, fui encorajada a tomar a decisão mais importante sobre meu parto — o tempo todo esperando meu cardeal aparecer para me assegurar de que eu estava no caminho certo. Permaneci paciente e receptiva, me educando nas minhas opções. Por fim e sem ter recebido meu sinal, cheguei a um plano que, apesar de tudo, me pareceu bom. Mandei mensagem para minha amiga e companheira de corrida espiritual

MaryAnn e contei meus planos. Uma hora depois, ela me respondeu: "Isso parece ótimo. Na hora que olhei para a mensagem, percebi um cardeal na janela do meu carro. Isso parece um sinal para você." Incrivelmente, MaryAnn não tinha ideia de que o cardeal era meu sinal ou mesmo que eu estivesse procurando um sinal de forma alguma! O espírito atuou por meio dela para me assegurar que eu estava no caminho certo. Estar em comunicação clara com o Universo é a experiência mais inspiradora. É um presente saber que estou sendo guiada.

Em meio a essa incerteza, pressão social e histórias de medo, tenho duas escolhas. Posso deixar meu ego dominar, ou me lembrar que sou uma Superatração. Hoje há somente uma escolha que vou aceitar. Escolho ser uma Superatração e ter fé inabalável no Universo. Escolho felicidade como meu padrão, escolho expectativa positiva, escolho a antecipação da alegria que está por vir, escolho me importar com como me sinto, escolho conseguir alívio em vez de soluções e, mais importante, escolho praticar não interferência. Entrego meu desejo aos cuidados da orientação espiritual na qual cresci confiando e hoje me entrego ainda mais.

Talvez não haja entrega maior do que o nascimento de um filho. Por isso sou grata. Essa nova experiência que embarquei será minha maior oportunidade para fortalecer minha fé no Universo. Essa é a minha chance para largar o controle totalmente, visualizar meu desejo, me sentir bem, confiar e permitir. Tenho uma oportunidade de viver essas práticas nesse livro de uma maneira totalmente nova.

Sentindo incerteza de meu parto e a magnitude de me tornar mãe, retorno a essas mensagens nesse livro. É bom saber que há um mundo além da limitação e da dúvida. É reconfortante saber que posso entregar meu parto aos cuidados do Universo, dos anjos e meus guias. É seguro entregar meus planos e confiar na orientação espiritual. Hoje me comprometo com vocês, meus amigos. Eu me comprometo a permitir que o Universo me mostre o que fazer. Eu me comprometo a permanecer no fluxo com pensamentos positivos e manter o momento de alegria. E me comprometo a acolher meu filho nesse mundo com coragem, generosidade e tranquilidade, sabendo que sou uma Superatração.

Comprometa-se com você mesmo, hoje. Diga em voz alta: "Eu me comprometo a ser uma Superatração." Deixe seu medo ser seu guia de volta para o amor. Quando você se deparar com desafios, saiba que há um plano além do seu. Permita-se ser amparado e guiado. E saiba que você está dando uma grande contribuição para o mundo escolhendo viver na luz. Cada vez que você retira o véu e entra na luz, o mundo se ilumina mais. Continue a fazer do amor sua prioridade, acredite no Universo e siga a orientação que você recebe. É sua escolha se divertir, ficar bem e atrair o que deseja. É sua escolha ser uma Superatração.

EPÍLOGO

Planejei entregar esse manuscrito para meu editor em 18 de dezembro de 2018; no dia anterior eu estava agendada para meu parto induzido. Meu médico passou horas me convencendo a ter meu bebê com 40 semanas por causa da minha idade. Rejeitei suas sugestões no início, mas no fim entreguei meu plano para o Universo e pedi um sinal. Assim que recebi o sinal do cardeal, soube que era seguro ir em frente com o plano para a indução.

Então, na noite de 17 de dezembro, deitei na cama com meu barrigão, dor nas costas e pernas inchadas. Eu estava lendo esse manuscrito e fazendo minhas últimas modificações. Me senti bem lendo essas páginas! Mais uma vez, esse livro me levou de volta para o amor e fortaleceu minha fé no Universo. Dias antes da indução, fui capaz de liberar meu medo e voltar a acreditar que estava sendo guiada.

Após uma hora de leitura, me levantei para beber água. Para minha grata surpresa, ao me levantar, minha bolsa estourou. Fiquei empolgada! Gritei para o Zach que a hora tinha chegado e peguei minha bolsa da maternidade. Meu bebê estava a caminho!

O parto que pensei que teria foi muito diferente do milagre que recebi. Eu queria que meu filho viesse em seu próprio tempo e, mais uma vez, o Universo me atendeu. Por meses mantive uma visão do parto que eu queria ter. Eu me via livre do medo, passando por cada contração com tranquilidade e tendo meu filho pacificamente. Mantive essa visão e a entreguei ao Universo.

Nós nos dirigimos calmamente para o hospital aquela noite, repletos de excitação antecipada, mas também uma sensação enorme de paz. Na manhã seguinte, entrei em trabalho de parto. Moro em uma zona rural, com um pequeno hospital regional.

Como imaginei, eu era a única pessoa em trabalho de parto na maternidade. Eu tinha duas doulas, seis enfermeiras carinhosas, um obstetra cuidadoso e meu incrível marido lá para me apoiar.

Do lado de fora da janela do hospital, tinha uma vista do céu azul claro e das colinas escarpadas. Toquei meu mantra e acendi velas votivas para deixar o ambiente sereno. Cantei a palavra "ahh" enquanto passava por cada contração. "Ahh", o som Universal para Deus, era o que vinha de mim instintivamente. Montei um altar em frente à minha cama com imagens de posições fetais perfeitas para o parto e outra imagem de uma flor se abrindo, representando o colo do útero dilatado em dez centímetros. Eu meditava de hora em hora com minhas doulas, ouvindo mantras e olhando as imagens. Mantive as visões do meu colo do útero se abrindo e fiquei calma em cada contração para ajudar meu filho a sair. Toda vez que o médico vinha checar minha dilatação, eu me empenhava na meditação antes de cada contração para ajudar meu corpo a se abrir mais. Ele voltaria em uma hora e eu teria dilatado mais outro centímetro, mais perto de trazer meu bebê ao mundo. Minha meditação, afirmação e visualização me conduziram durante catorze horas de trabalho de parto. Por volta de uma da manhã, meu filho Oliver veio ao mundo com a graça divina e tranquilidade. Quando o médico delicadamente o colocou no meu peito, olhei para ele e disse: "Eu conheço você." Era como se estivéssemos juntos por muitas vidas. Esse foi o melhor dia da minha vida e minha maior manifestação.

Enquanto escrevo essas palavras finais, Oliver está dormindo perto de mim no sofá. Ele está com quase dois meses e já provou ser meu melhor mentor espiritual. Ele me trouxe um novo sentido de presença, paciência e o mais importante, uma oportunidade de aprofundar minha fé no Universo. Ele é o meu maior desejo realizado. Sei que o nascimento de sua alma é um reflexo da minha disposição em ser guiada e minha confiança em um plano além do meu.

O Universo sempre tem um plano muito melhor que o nosso. Os três anos que passei tentando engravidar me ensinaram a dádiva da entrega. Eu foquei me sentir bem e fortaleci minha fé no Universo para ter meu filho na hora certa. Olhando para trás, posso ver como não havia um tempo melhor do que agora para ser mãe. Todo dia volto a essas práticas para me lembrar que qualquer coisa é possível quando estou sintonizada com meu poder de Superatração. Estou empenhada em viver essas verdades e incuti-las em meu filho. A maior lição que posso ensiná-lo é que quando ele estiver sintonizado com o poder do amor, viverá uma vida maravilhosa.

Nossa disposição para se entregar ao Universo é que permite que uma orientação invisível assuma o controle. Quando nos entregamos, voltamos a sintonizar com a fé, e nessa sintonia nos é mostrado para onde ir e o que fazer. Podemos relaxar e confiar no desenrolar. Orgulhe-se do seu compromisso com essas páginas e comemore suas mudanças internas. Que essas páginas guiem seu caminho e abram espaço para o Universo cuidar de seus sonhos.

AGRADECIMENTOS

Agradeço e prestigio a equipe de anjos humanos que me ajudou a dar vida a esse livro. Meus agentes, Scott Hoffman e Steve Troha, obrigada por me orientarem durante todo o processo editorial. Agradeço a Reid Tracy, Patty Gift, Michelle Pilley, Anne Barthel e a toda família Hay House, por acreditarem em mim e no meu trabalho. Sou grata por meu relacionamento editorial mais recente com Stacy Creamer na Audible. Que esse audiolivro atenda muitas almas. Nunca poderia lançar um livro sem minha devotada equipe de RP, Sarah Hall RP. Obrigada, Jessica Reda e Sarah Hall, por sempre garantirem que a mensagem seja divulgada por toda parte. Sou profundamente grata pelo trabalho de Esther Hicks e Abraham — obrigada pela inspiração. Agradeço à minha editora, Katie Karas. Katie, você é minha parceira literária e amiga querida, é uma honra tê-la ao meu lado. Agradeço à minha equipe por me permitir ser criativa e pelo suporte. Agradeço à minha planejadora de eventos, Anette Sharvit, por garantir que cada livro seja assinado durante a divulgação. Agradeço à minha equipe de desenvolvimento pessoal e amigos, Kachina Myers, Tammy Valicenti, Aviva Romm, Teri Goetz, Aimee Raupp, MaryAnn DiMarco, Alexandra Sacks e Lori Leyden. Obrigada a todos por ajudarem a me curar, para que eu possa me erguer. Por fim, agradeço ao meu marido e melhor amigo, Zach. Z, você é o maior parceiro de negócios, marido, amigo e pai. Oliver é abençoado por ter um pai como você.

SOBRE A AUTORA

Gabrielle Bernstein é a autora do best-seller número #1 do *New York Times, O Universo Está Consigo,* e escreveu outros seis best-sellers. Ela participou do *Super Soul Sunday da Oprah* como uma "líder da próxima geração", a Oprah Winfrey Network escolheu Gabby para participar do "Super Soul 100", um grupo dinâmico de 100 pioneiros cuja visão e carreira está contribuindo para aumentar o nível de conscientização no mundo. *O New York Times* a identificou "como um exemplo". O YouTube nomeou Gabby como uma das dezesseis *YouTube Next Video Bloggers*, ela foi nomeada como um dos onze perfis do Twitter que *você deve seguir para se inspirar* e se destacou na Lista da *Forbes* como uma das vinte "Mulheres Mais Bem Marcadas". Ela aparece como especialista no *The Dr. Oz Show* e uma das apresentadoras do *Guinness World Record* de maior meditação guiada com Deepak Chopra. Além disso, Gabby estrelou em diversos meios de comunicação tais como: *ELLE, OWN, Kathie Lee & Hoda, Today, Marie Claire, Health, SELF, Women's Health, Cosmopolitan, Glamour* e nas capas da *Success Magazine, Experience Life Magazine* e mais. Gabby acabou de lançar seu 7º livro, *Superatração*. Para saber mais sobre seu trabalho visite: *gabbybernstein.com.*

Este livro foi impresso nas oficinas gráficas da Editora Vozes Ltda.,
Rua Frei Luís, 100 – Petrópolis, RJ.